精准拉伸

PRESCRIPTIVE STRETCHING

疼痛消除和损伤预防的针对性练习

【美】克里斯蒂安·博格（Kristian Berg）著　王雄　杨斌 译

人民邮电出版社

北 京

目录

译者序

无论你是刚入门的新人菜鸟，还是资深的康复按摩师，这是一本适合所有人的拉伸书。

拉伸的作用毋需多言。无论是大众爱好者还是职业运动员，少年还是中老年，跑步健身还是参加世界大赛，甚至你长期不运动，都需要拉伸。关于拉伸，总有一些常见性的问题，比如到底是运动前还是运动后拉伸？如何配合呼吸？如何控制力度负荷？拉伸应该避免哪些禁忌动作？特别是如何用简便操作的技法，精准地拉到目标肌肉？很多时候，我们身边的健身教练、体育老师甚至专业运动员，都无法像这本书一样，给出一个权威踏实的回答。

本书作者克里斯蒂安·博格是一位资深推拿治疗医师，擅长用手法拉伸脊柱和肌肉。运动员出身的他一直钻研解剖和拉伸疗法。在整个欧洲，博格是知名的拉伸专家，他每年都参加各种国际解剖讲习班，交流和学习各种拉伸手法技巧，并在自己经营的诊所内，向超过30,000名患者展示过拉伸治疗对于健康的重要功效。

这本书译名为《精准拉伸》。相比国内外其他拉伸书籍，精细准确的针对性拉伸方法是本书的特色。我曾在国家队的体能训练场地进行过拉伸知识的专题推广，但回想起来，当时那种知识细节和本书比较起来，显得粗枝大叶。本书针对每一特定肌肉，动作的预准备、启动、过渡和控制等阶段都描述得详尽之极，让你不慌不忙、胸有成竹地找到身体浅层或深层的目标肌肉，科学舒服地拉伸到位。

而本书给人最大的惊喜是，包含了如何通过拉伸的自我疗法来缓解常见性的身体疼痛这一内容。拉伸预防运动损伤人人皆知，

而对于一些常见的疼痛病症，其实并非是由病理性而是物理性的症状所引起的，完全可以通过拉伸疗法来缓解和消除。比如头疼、落枕、颈部结节和腰背疼等症状应如何解决，这些疼痛的触发点在哪里，引起的原因和机理是什么，一般和特殊的治疗措施是什么，应该如何拉伸来解决，何时需要寻求专业帮助？这也是本书中作者最有深度的研究成果。克里斯蒂安先生对于拉伸多年的深入研究、思考探索和临床应用，超乎我们对于通常拉伸练习的理解和认识。

本书内容的逻辑结构是，先简要介绍人体基本的肌肉骨骼结构和拉伸基础知识，接着以身体右侧为例，详细描述每一块肌肉的针对性拉伸方法，然后介绍如何通过拉伸来循序渐进地缓解肌肉疼痛以及评估肌肉的柔韧性和均衡性。本书所介绍的拉伸技法都是主动拉伸，不需要专业设备和他人辅助，仅根据日常可见的条件（墙壁、桌椅、毛巾等）来自主进行，便捷实用。

荣幸邀请到我的挚友杨斌老师一起翻译校对此书，他曾开创国内"有氧训练专家"、"精准康复"和"定位伸展"等专业认证培训，"精准拉伸"也将成为他教育认证系统的重要组成部分。相信这本书将成为我们在国内传播科学拉伸理念的参照标准。

身体是自己的，亲身体会才能有最客观的评价。翻开这本书，开始一次身体探索之旅吧。

前言

人分两类：背部疼痛的人和即将背部疼痛的人。

作为推拿理疗师，我已工作多年，专治神经肌肉骨骼问题。患者们总是反复问我同一个问题："拉伸真的有必要吗？我一定要拉伸吗？"

答案既不是肯定的，也不是否定的。一定要吗？就像，你一定要刷牙吗？不，不一定。但我们中的大多数人已经清楚地认识到不刷牙的后果。遗憾的是，我们却对忽视拉伸和保护身体所产生的后果熟视无睹，直到全身出现各种疼痛才幡然悔悟。

到那时我们可能也意识不到，身体的疼痛与我们的行为举止有关。目前，我们的身体并不需要保养，那为什么疼痛从现在就开始了呢？我们会不会像六个月不刷牙，看到蛀牙洞一样惊讶呢？疼痛是你自己积累的，身体不会忘记你20年来的所作所为。

所以，我们需要拉伸吗？我相信拉伸和锻炼是身体日常保养的一部分，与养成刷牙的习惯是一个道理。

人类和动物都会进行各种形式的拉伸，并养成习惯。想想刚睡醒的猫或狗，在开始活动之前都会拉伸它们肩部和臀部的肌肉。是不是由于我们的生活对运动量的需求越来越小，导致我们丧失了这一动物本能？这也许是事实，但本能不会消失。早上打哈欠时，我们常常举起双手、伸展手臂、弯曲背部。

过去十年间我是一名体操运动员，这是真正让我痛苦的时期。我的背部一直在疼，退役之前就饱受背痛之苦。作为体操运动员，我的身体具有较好的柔韧性，我当时真以为自己是肌肉和柔韧性方面的权威。后来，通过学习推拿理疗术才了解了一些肌肉知识，以前甚至不知道这些肌肉的存在。

然而，在我做学生的几年里，我的背部依然疼痛。无论接受何种治疗，背疼也只是略微缓解。一段时间过后，通过持续拉伸特定的肌肉，我开始感觉背痛有所好转。我下定决心一定要锻炼背部肌肉的柔软度和灵活度。锻炼的效果开始显现。现在，我的背疼彻底治愈了。如果我由于训练或疏忽大意而感到背部疼痛，我就拉伸一下之前拉伸过的那块肌肉。拉伸完毕，疼痛便消失了。回想过去，有时我会感慨，如果当时我懂得现在掌握的知识，我将会成为一名多么出色的体操运动员呀！一块肌肉的健康就会让世界变得不同。

我努力将这些经验告诉我的患者们，让每位患者在家中进行一项锻炼，我能轻易分辨出谁完成了这个训练，谁忘记了这个锻炼。通过合作，我们能够轻松达到理想的效果，患者身体的疼痛得以减轻、灵活性得到提高。

有些关于拉伸的图书和杂志总是给拉伸加上神奇的色彩。遗憾的是，这些书刊杂志从来不会解释我们需要拉伸的真实原因，其中的文章所提及的锻炼常常是错误的或危险的。运动指导通常也不完整、难以理解，或者根本不存在。

本书是一种工具，与其他工具一样，应谨慎把握。请通读本书并全面学习书中的图片。锻炼是有效的，前提是必须掌握正确的方法。

人体的肌肉和骨骼

　　拉丁文通常根据肌肉的形状和功能来为肌肉命名。因此，学习肌肉的拉丁文名称是有用的。以肩胛提肌（levator scapulae muscle）为例，levator（提肌）源于拉丁文的levatio，意为上升。这也是现代英语中"电梯"（elevator）一词的起源。scapula是拉丁文的肩胛骨。类似的例子还有很多，你若熟悉一些拉丁语术语，就能轻易推断出肌肉的用途和位置。以下是一些例子。

Abdominis = 下腹部（Abdomen）

Abductor = 外展的（Outward moving）

Adductor = 内收的（Inward moving）

Antebrachii = 前臂（Forearm）

Anterior = 正面（Front side）

Bi = 二（Two）

Brachii = 上臂（Upper arm）

Brevis = 短的（Short）

Caput = 头（Head）

Dorsum = 背部（Back）

Externus = 外部的（Outer/External）

Extensor = 伸肌（Muscle that extends/straightens）

Femoris = 大腿（Thigh）

Flexor = 屈肌（Muscle that bends）

Infra = 在下方的（Below）

Internus = 内部的（Inner/internal）

Lateralis = 外侧（Toward the side）

Levator = 提肌（Muscle that raises）

Longus = 长的（Long）

Magnus/Major = 大的（Large/greater than）

Minimus/Minor = 小的（Small/lesser than）

Musculus = 肌肉（Muscle）

Musculi = 肌肉群（Muscles）

Obliquus = 斜的（Slanted）

Posterior = 背面（Back side）

Processus = 过程（Process）

Rectus = 直的（Straight）

Spinae = 脊柱（Spine）

Supra = 在前（Above）

Tri = 三（Three）

拉伸注意事项

我们在全书中展示的是右侧身体的拉伸。
一般而言，你还需要拉伸身体的左侧。

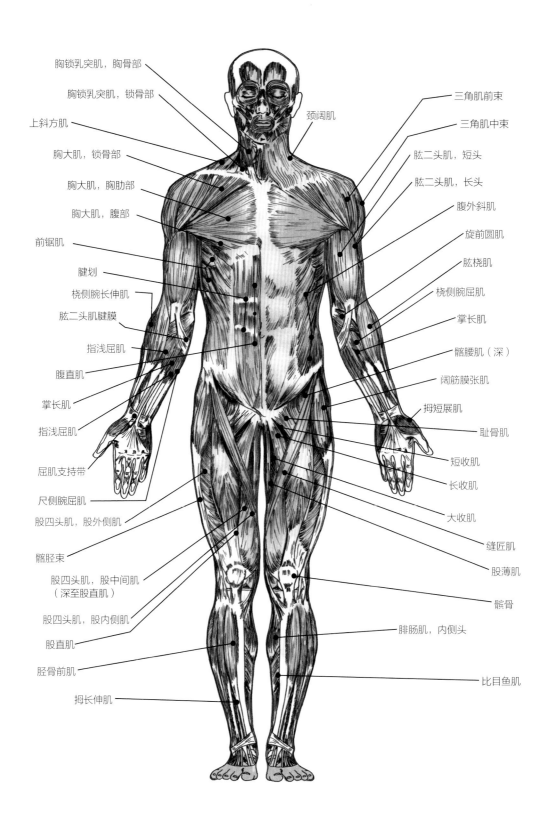

胸锁乳突肌，胸骨部

胸锁乳突肌，锁骨部

上斜方肌

胸大肌，锁骨部

胸大肌，胸肋部

胸大肌，腹部

前锯肌

腱划

桡侧腕长伸肌

肱二头肌腱膜

指浅屈肌

腹直肌

掌长肌

指浅屈肌

屈肌支持带

尺侧腕屈肌

股四头肌，股外侧肌

髂胫束

股四头肌，股中间肌
（深至股直肌）

股四头肌，股内侧肌

股直肌

胫骨前肌

拇长伸肌

颈阔肌

三角肌前束

三角肌中束

肱二头肌，短头

肱二头肌，长头

腹外斜肌

旋前圆肌

肱桡肌

桡侧腕屈肌

掌长肌

髂腰肌（深）

阔筋膜张肌

拇短展肌

耻骨肌

短收肌

长收肌

大收肌

缝匠肌

股薄肌

髌骨

腓肠肌，内侧头

比目鱼肌

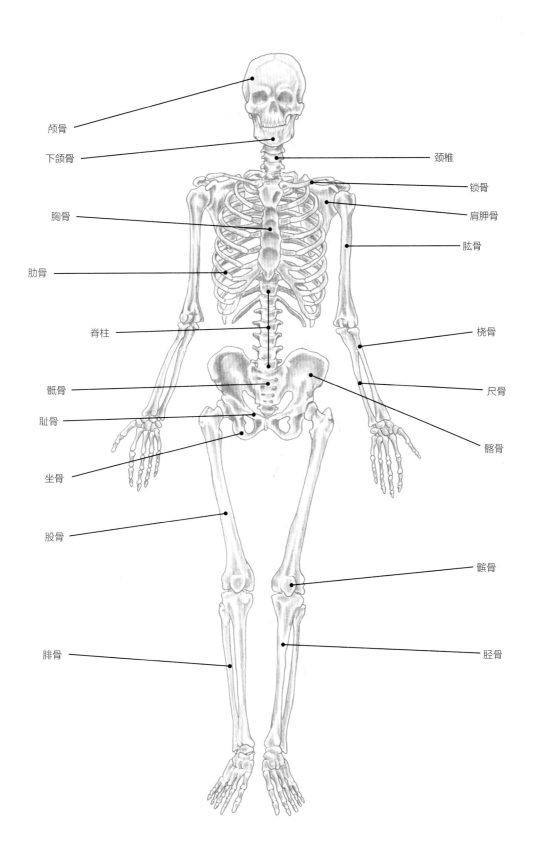

颅骨

下颌骨

颈椎

锁骨

肩胛骨

胸骨

肱骨

肋骨

脊柱

桡骨

骶骨

尺骨

耻骨

髂骨

坐骨

股骨

髌骨

腓骨

胫骨

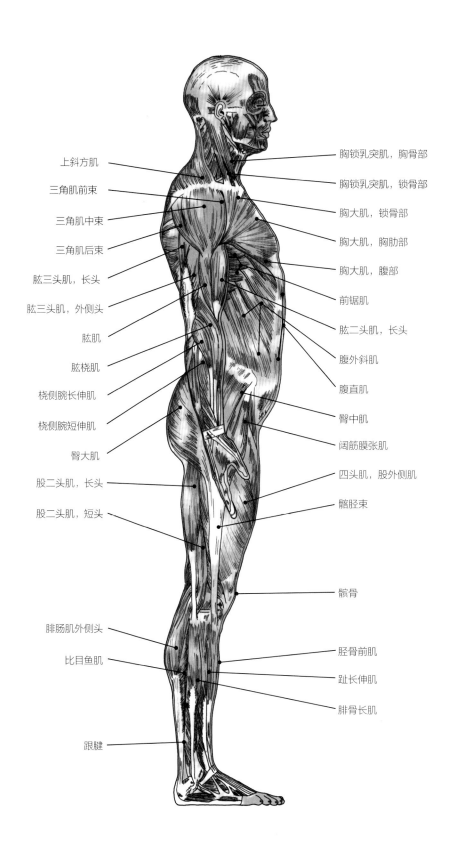

上斜方肌

三角肌前束

三角肌中束

三角肌后束

肱三头肌，长头

肱三头肌，外侧头

肱肌

肱桡肌

桡侧腕长伸肌

桡侧腕短伸肌

臀大肌

股二头肌，长头

股二头肌，短头

腓肠肌外侧头

比目鱼肌

跟腱

胸锁乳突肌，胸骨部

胸锁乳突肌，锁骨部

胸大肌，锁骨部

胸大肌，胸肋部

胸大肌，腹部

前锯肌

肱二头肌，长头

腹外斜肌

腹直肌

臀中肌

阔筋膜张肌

四头肌，股外侧肌

髂胫束

髌骨

胫骨前肌

趾长伸肌

腓骨长肌

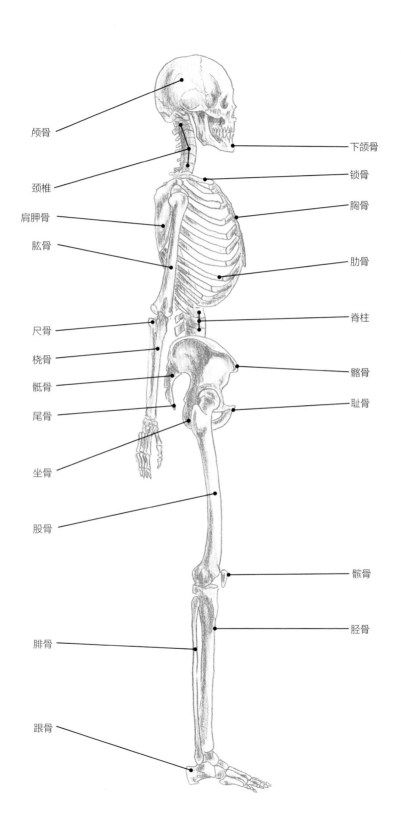

颅骨

颈椎

肩胛骨

肱骨

尺骨

桡骨

骶骨

尾骨

坐骨

股骨

腓骨

跟骨

下颌骨

锁骨

胸骨

肋骨

脊柱

髂骨

耻骨

髌骨

胫骨

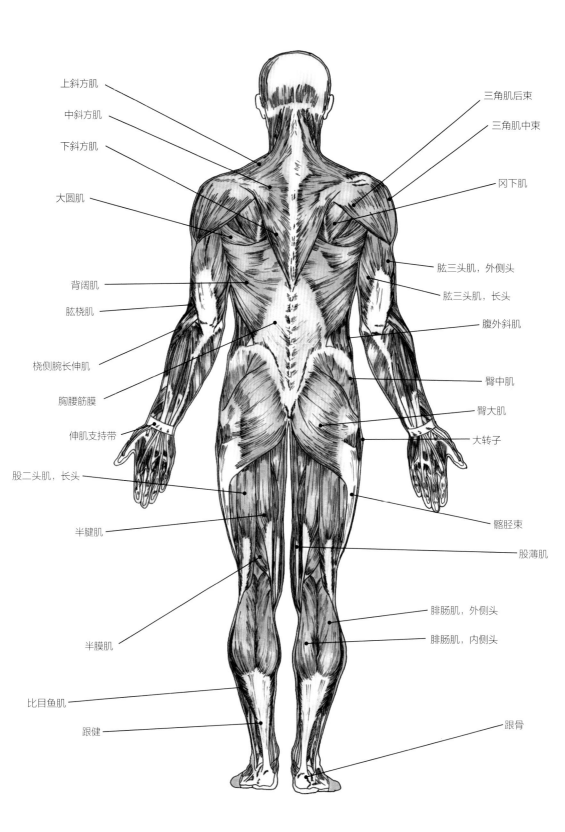

上斜方肌

中斜方肌

下斜方肌

大圆肌

背阔肌

肱桡肌

桡侧腕长伸肌

胸腰筋膜

伸肌支持带

股二头肌，长头

半腱肌

半膜肌

比目鱼肌

跟健

三角肌后束

三角肌中束

冈下肌

肱三头肌，外侧头

肱三头肌，长头

腹外斜肌

臀中肌

臀大肌

大转子

髂胫束

股薄肌

腓肠肌，外侧头

腓肠肌，内侧头

跟骨

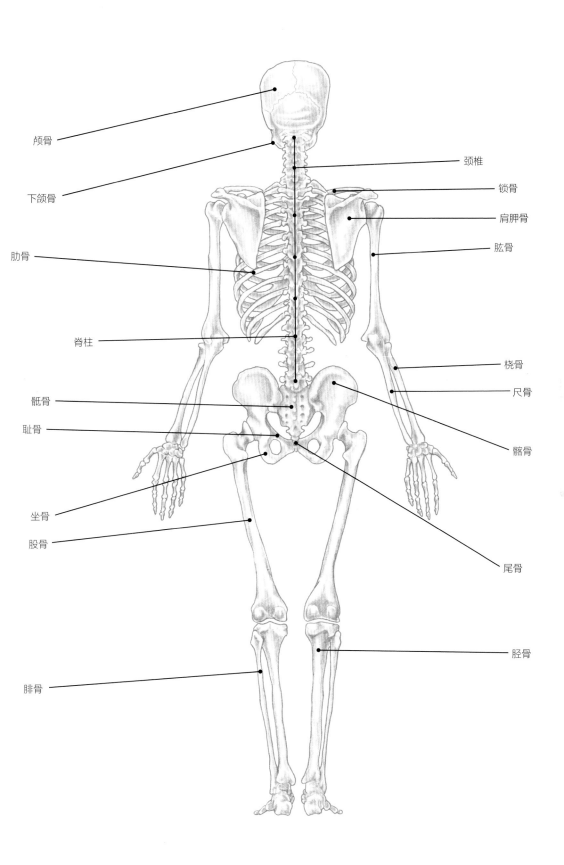

颅骨

下颌骨

颈椎

锁骨

肩胛骨

肱骨

肋骨

脊柱

桡骨

尺骨

骶骨

耻骨

髂骨

坐骨

股骨

尾骨

胫骨

腓骨

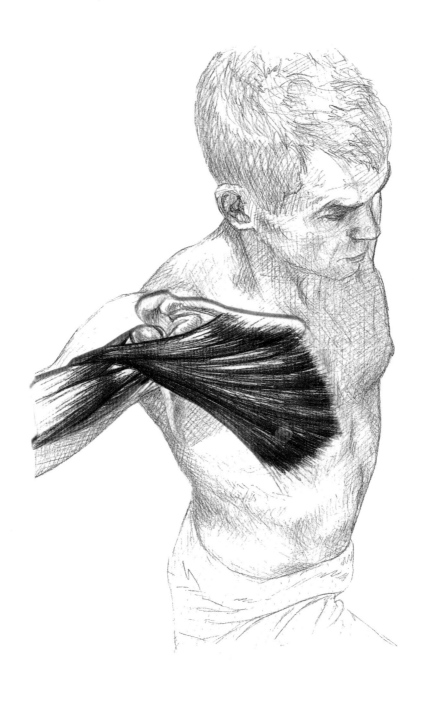

拉伸的基础知识

生理学

人体非常神奇。各种系统确保身体正常有序地运转，从视觉、听觉、循环到肾脏和心脏。其中最重要的系统之一是运动系统，它能控制动作、灵活性、力量、协调性和平衡。

这个系统群包含骨骼、关节和骨骼肌，它在人的整个生命中都必须保持健康状态。它像积木一样，在我们还是孩子时就要摆放到位，成人以后还必须维护和保养它们。

运动时，受影响区域的血流量会增加。因为血液搭载着氧气以及肌肉所需的其他营养素。运动还会导致体温上升，使肌肉变得更加柔韧。肌肉抗阻运动会刺激肌肉生长，身体因此变得更加强壮，为下一次运动做好准备。我们应该循序渐进地增加肌肉阻力，使身体能够适应。如果过快地增加阻力，会超出肌肉的负荷能力。所谓超负荷有多种表现形式，可以是步行时间过长，步行频率过高，或者提过重的物品，甚至久坐也会造成肌肉超负荷。

循序渐进地增加肌肉负荷量对于在任何训练或拉伸中避免伤害至关重要。尽管也许你不想慢慢来进行，身体会记录下你所作的一切。如果在短时间内过度做某件事，身体会通过疼痛来提醒你。

肌肉系统

人体内约有300块骨骼肌是用来实现关节间活动的。可以将这些肌肉看作拉伸的橡皮筋。一块肌肉开始活动时，它像橡皮筋一样被拉紧。肌肉的弹性越大，活动就越顺畅。

缺少运动的肌肉在休息时不会变得更强壮。相反，这类肌肉会紧绷、会缩短，从而导致疼痛。当需要这些肌肉活动时，由于之前其使用率极低，它们非常容易疲劳。结果就是，即便是做像搬椅子这样简单的日常动作，也有可能背痛不止。

身体需要平衡。身体运动时，身体正面的肌肉将身体所有的部位向前拉。如果这些肌肉缩短了，就会形成弯腰驼背的姿态。因此，要笔直地站立，背部的肌肉必须与正面的肌肉在力量和长度上相当。最好的状态是，身体正面和背部的肌肉弹性相当，这样

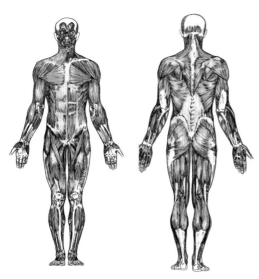

人体包含300块骨骼肌

更容易保持平衡。

身体两端肌肉间的关系（前后或左右）对于身体的功能和健康非常重要。

肌肉不断收紧（例如在压力状态下）会导致肌肉失去弹性、逐渐僵硬，因为我们运动得越少，血液循环就越不通畅。

拮抗肌

拮抗肌指一块肌肉伸缩或完成动作时另一块发生与之相反方向运动的肌肉。如果拉伸的肌肉导致肘部弯曲，那么相应的拮抗肌就会使肘部伸直。因此，运用一组肌肉完成某一动作时，紧缩的拮抗肌将为完成这一动作提供阻力。如果能注意到引起大多数对抗作用的拮抗肌，就能使运动变得更高效。例如，在跑步时，运用髋部屈肌和股四头肌将腿向前迈，位于大腿后侧、负责将腿向后收回的肌肉在向前迈腿时将被拉伸。如果这部分肌肉紧绷，将阻碍活动。跑步前拉伸这些肌肉会让活动更加有效。

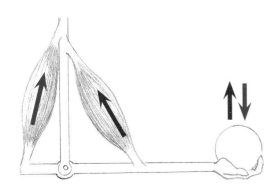

红色箭头负责升起球，蓝色箭头负责放下球。它们运动的方向相反，因此它们是拮抗肌。

缩短的肌肉和扳机点

肌肉在工作时会产生副产品，其中一种叫乳酸。任何人长时间负重都会体会到乳酸的影响。起初，你会感觉肌肉在燃烧。随着疲劳度不断增加，灼热的区域开始疼痛。释放所有重量后，疼痛就会消失，因为血液能消除肌肉中的乳酸。

如果持续收缩肌肉，就会造成产生过量乳酸的问题。如今，由于压力大，我们一直在收缩颈部和肩部区域的肌肉。这种做法也会导致不良姿势，而不良的姿势是由肌肉薄弱或身体适应了缩短的肌肉而造成的。这种坏习惯还会在我们以正确的姿势站立或坐立时增加阻力。这种阻力能进一步缩短肌肉。

扳机点可以看做肌肉中的结节，尺寸从米粒般大小到豌豆不等。扳机点会导致结节所在位置和身体其他区域疼痛。他们有的是活跃的，有的是潜伏的。例如，位于肩部斜方肌的活跃扳机点能导致耳周或靠近额部和眼部位置疼痛。位于相同位置的潜伏扳机点在按压时也会导致类似的疼痛。

扳机点出现在静态的缩短或紧绷的肌肉中，从而产生乳酸，也可以出现在过度使用、缺乏休息的肌肉中。扳机点能够产生从手臂扩散至手掌或腿部的疼痛，还能导致背部局部疼痛。有的扳机点能导致所有人在同一个位置出现疼痛，它能帮助我们找到引起疼痛的原因。拉伸是消除扳机点，或者将活跃扳机点变为潜伏扳机点的很好方式。

拉伸的基础知识

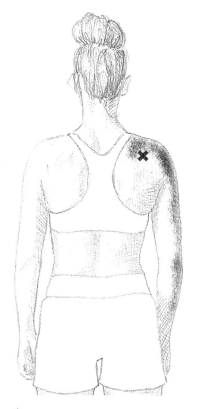

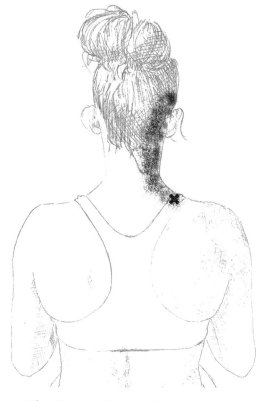

X符号表示扳机点的位置，红色表示可能感到疼痛的区域。整个红色区域不一定会完全受影响。

最普遍的头痛是由斜方肌上部的一个扳机点引起的。

压力

↓

肌肉紧绷

疼痛　乳酸

以下是肌肉缩短和产生扳机点的常见原因。

- 压力。
- 不良姿势。
- 静态负荷。
- 静坐（不运动）。
- 以不舒服的姿势长时间睡觉。
- 重复运动（尤其是头部以上的部位）。
- 训练动作不规范。
- 交叉腿坐立。
- 习惯性地使用同一侧肩膀背包。
- 寒冷。

骨骼系统

身体中的所有器官都是挂在骨架上的，从肌肉到肺脏、肝脏再到肠。如果骨骼太脆弱，一切都将分崩离析。运动和负重能够促进骨骼生长，促使骨骼在夜间进行重塑，为第二天的身体需求做好准备。然而，久坐不动是不会让骨骼变得更强壮。运动量太小导致骨骼停止重塑，从而变得更加单薄、更不耐用。可惜的是，给你强健骨骼的时间是有限的。这一过程只能持续到25周岁，之后想要从本质上增强骨骼是非常困难的。因此，请让孩子到户外多活动，而不是整天坐在电脑或电视机前。骨骼和身体天生是用来运动的，而不是用来休息的。

骨折后，身体会让骨骼愈合，并在伤处长出一层组织以降低再次骨折的可能性。

关节

关节，是两根骨头间的连接部位，它也许是运动系统中最敏感的部位了。骨骼的末端由软骨覆盖，起到减缓振动、减少摩擦的作用。与其他骨骼一样，软骨也需要负重。软骨在我们成长发育时逐年增厚，运动的频率越高，它的厚度和功能性就会变得越好。

经常开合的门如果不涂抹润滑油便会开始发出吱吱声。我们的关节也是这样，需要保养和活动。运动是保养关节的最佳方式。最大限度地活动关节能激发关节，使其在下一次使用时更加灵活。

关节不常使用就会变得僵硬，只需12小时，肘关节的灵活度就会减少到原有功能的30%。

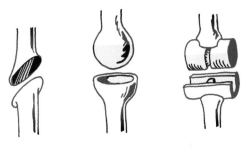

平面关节、球窝关节和滑车关节是身体六种关节中的三种。关节的形状决定它能完成什么样的活动。

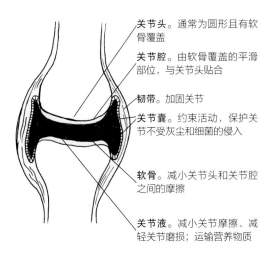

关节头。 通常为圆形且有软骨覆盖

关节腔。 由软骨覆盖的平滑部位，与关节头贴合

韧带。 加固关节

关节囊。 约束活动，保护关节不受灰尘和细菌的侵入

软骨。 减小关节头和关节腔之间的摩擦

关节液。 减小关节摩擦、减轻关节磨损；运输营养物质

每天运动30分钟是将背部和身体作为一个整体来保护的最佳方式。

动起来

遗憾的是，现代社会为人们提供了各种便利，如椅子、自动扶梯、电梯等，这些东西夺走了人体必需的刺激。整天休息不能让身体远离痛苦和麻烦，相反，它降低了身体状态良好的概率。我们的身体是为了背着背包连续行走数周而设计的。缺少运动对于年轻人和老年人来说都是个长期问题。

佩戴计步器记录步数是跟踪运动量的一个好方法。然而，身体的其他部位所需的运动量与腿部是一样的。全身的关节和肌肉每天都需要运动来维持良好的状态，身体状态好，你的状态才会好。

计步器

不足1 000步：	不能再坐着啦。
1 000至3 000步：	运动量不够，对身体健康不利。
3 000至5 000步：	有进步，但请你现在就到户外去。
5 000至10 000步：	很好，就快达到目标了，再多走几步。
10 000步以上：	棒极啦！现在真正的健康益处即将显现。

运动量不足的后果

心脏

如果心脏从未受到挑战，它会尽其所能减少活动，在你需要增加心脏额外的负荷时它会"罢工"，衰弱的心脏也会阻碍血液循环。

肌肉

肌肉不用就会日渐衰弱，在需要使用时它们会表现不佳。肌腱变得更脆弱，容易在突然的活动中撕裂。未经保养的肌肉会失去弹性，逐渐僵硬。

关节

年轻时，身体的软骨在运动中增厚，如果年幼时的运动量小，软骨会比经常运动的软骨薄。软骨单薄会增加罹患关节炎的危险。

骨骼

与软骨相似，负重能让骨骼变得更强壮。导致骨骼脆弱的最主要的原因就是运动量不够。骨质疏松症是导致老年人骨折的最常见原因。

血液循环

缺乏运动导致毛细血管收缩，阻碍氧气运输到肌肉和其他组织中。

日常生活中，只要配合适量运动，偶尔慵懒一些其实并无大碍。

为什么要拉伸

关于拉伸的研究有很多，但是大多数研究都不尽如人意。然而，最近一些精心设计的研究表明，坚持拉伸能增加力量、缓解疼痛。一些研究甚至表明可以通过拉伸来防止在不同运动中的受伤。

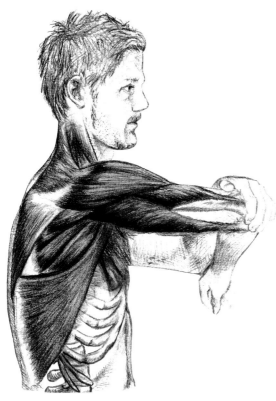

拉伸冈下肌，能够缓解肩膀前部疼痛。

一些研究结果表明，肌肉的化学成分随着疼痛而改变。研究者们认为拉伸使肌肉的血流量增加，使其更加彻底地放松。随着血液循环的增加，血液将引起疼痛的物质从肌肉中清除，以此缓解疼痛。

有的研究表明，拉伸能增加灵活性，但这取决于拉伸时运用的技术和拉伸者的年龄。还有的研究认为拉伸能提高人们对疼痛的耐受力。

即便是不那么科学的研究也表明拉伸能够增加灵活性。例如，颈部遭遇急性僵直时，通过拉伸能立刻改善颈部的活动范围、减轻疼痛。然而，对于拉伸是否能使肌肉变长、是否能促进肌肉放松，是很难科学地进行判断的。一些研究表明拉伸使肌肉更强壮，特别是被拉伸的拮抗肌。这是力量训练特别有趣的一点。如果在训练背阔肌时拉伸胸肌，会同时提升灵活性和肌肉力量。

扫描右方二维码添加企业微信。

1. 首次添加企业微信，即刻领取免费电子资源。

2. 加入体育爱好者交流群。

3. 不定期获取更多图书、课程、讲座等知识服务产品信息，以及参与直播互动、在线答疑和与专业导师直接对话的机会。

如何拉伸

使用错误的方法拉伸无异于浪费时间，同时还增加受伤的危险。要注意，拉伸一块肌肉时，至少需要完成一个与该肌肉活动时方向相反的动作。

如果肌肉的功能是曲肘，拉伸时则需要将手肘伸直。如果肌肉用于收缩臀部、伸直膝盖，或者增加弓腰弧度，那么拉伸时就应伸展臀部、弯曲膝盖，或者减小弓腰弧度。只做一个动作不但不会达到理想的拉伸效果，反而，还会造成关节活动过度，导致受伤。为了安全有效地运动，请严格按照下列原则进行拉伸。

4个主要原则

为保证拉伸时的安全，必须牢牢把握4个主要原则：一是避免疼痛；二是缓慢拉伸；三是拉伸正确的肌肉；四是避免影响其他的肌肉和关节。把握这几个原则是为了让你更加安全、高效地拉伸，并且增加你对自己身体的认识。

避免疼痛

如果认真谨慎地拉伸，肌肉会做出期望的回应。如果强行进行拉伸，肌肉则不会与你好好地配合。如果拉伸疼痛点，身体就会认为自己处于危险之中，并启动防御机制。肌肉出现疼痛时，会通过收缩来进行自我保护。这与你拉伸的目的背道而驰。当然，如果不适感未扩散至身体，拉伸的过程中出现轻微的疼痛会让人感到很舒服。然而，你必须学会区分拉伸产生的灼热感与可能导致伤病的疼痛。

缓慢拉伸

如果拉伸时将手臂和腿甩出，那么肌肉拉伸的速度就太快了。这时身体就会认为肌肉即将被撕裂或受伤，于是身体会通过收缩肌肉来尽力保护肌肉，从而导致无法完成动作。

拉伸正确的肌肉

虽然这看起来是显而易见的，但是要想遵守这一原则，你必须使用正确的方法。朝着错误的方向进行不同强度的运动就能体会到拉伸肌肉和拉扯关节囊或损伤身体的区别了。为了保护身体、节省宝贵的时间，掌握正确的方法很重要！

避免影响其他肌肉和关节

拉伸时粗心大意，或者拉伸不规范，会对其他的肌肉和关节产生负面影响，实际上是让身体状况变得更糟糕。这一常见的错误就是为什么有些人认为拉伸没有用、拉伸很痛苦的主要原因。

4个主要原则

避免疼痛

慢慢拉伸

拉伸正确的肌肉

避免影响其他肌肉和关节

黄金准则

正确的拉伸需要好的方法，需要多加练习，就像其他训练一样，熟能生巧。开始运动时请确保所有的角度都是正确的。你必须以正确的速度和正确的姿势运动。拉伸肌肉时注意力应该放在尽可能少地活动关节上。采取阻力最小的方法是人类的天性，这样我们会感到轻松和舒适。然而，这种方法却不是达到较好拉伸效果的途径。

思考

应该在感到温暖或寒冷的时候拉伸吗

大多数人在温暖的时候会更加舒适和放松。但是，在拉伸之前可以不热身吗？如果按照拉伸的基本指南来操作，就不会有受伤的危险。如果需要通过每天拉伸10次来矫正身体出现的某一状况，每次拉伸之前都热身是很难的，也是不切实际的。

应该在锻炼之前拉伸还是训练之后拉伸

如果锻炼的目的是为了身体好、保持身材，那么在锻炼前后，甚至在锻炼的间隙进行拉伸都是可以的。如果举重，它会帮助你拉伸正在使用的肌肉和它的拮抗肌。如果拮抗肌灵活而柔韧，拉伸就会更加轻松，受伤的危险也会降低。跑步时拉伸小腿能够避免受伤，因为紧绷的、缩短的小腿肌肉常常影响跨步。

让它成为日常生活的一部分

最大限度地扩大拉伸的影响应该像刷牙、洗澡一样，成为日常习惯的一部分。肌肉也需要经常保养。遇到由肌肉紧绷或缩短引发的问题时尤其如此。虽然你可能认为在工作时进行拉伸很可笑，但是它却能帮助你避免头疼、背疼。

一个真正为员工着想的老板会同意在上午和下午设置专供拉伸的休息时间。

拉伸需要具备什么条件

其实拉伸并不需要借助任何工具。本书中的所有锻炼都能在家中、在工作时、在健身房完成。一面墙、一张桌子、一本电话簿（站在上面）、一块毛巾、一个烫衣板都是完成拉伸的好工具。

黄金准则

以最小的关节活动达到最大限度的拉伸

实际操作

拉伸的方法很多，但基本理念是相同的：拉伸应该拉长肌肉。

最为安全有效的方法是本体感觉神经肌肉促进法（PNF），也称为收缩释放。这种方法以欺骗人体自身的防御机制为基础。首先，拉伸肌肉直至肌肉开始与你对抗，身体会向肌肉发出缩紧和自我保护的信息。继续保持拉伸的位置，肌肉会解除危害可能的信号，身体会再次放松。

你也可以主动收紧肌肉来平复身体的防御。PNF法是为了确保身体不抵触拉伸。请谨遵前文所述的4个基本原则以实现最大收益。

PNF法的步骤

PNF法可分为6个部分

1. 设定正确的初始姿势。
2. 拉伸至终止点。
3. 放松。
4. 在不动肌肉的前提下收紧肌肉。
5. 放松。
6. 拉伸至新的终止点。

根据运动的类型和锻炼目标重复后四步3到6次。

终止点

终止点是指运动无条件停止的位置。有的终止点是移动的，有的则是固定的。拉伸一块肌肉时，你迟早会到达终止点。感到肌肉刺痛时停止动作。软组织（肌肉和皮肤）或身体部位相互接触也能阻止运动。在按照PNF法操作时，肌肉感到轻微刺痛时就表示已经到达终止点。如果达到了不同的终止点，必须停下来纠正动作，或者暂停拉伸休息片刻。有的拉伸只有在其他肌肉拉伸之后才能进行。

初始姿势

初始姿势不正确，不论是站立、坐着还是躺着，都不可能有效地拉伸。因此，在进行拉伸之前，必须花时间学习正确的初始姿势。如果拉伸某部位的初始姿势较难，可以找一面镜子做对照，或者请别人检查姿势。开始拉伸前请认真阅读拉伸说明，仔细查看书中插图。

拉伸进行时

在拉伸阶段，尽量拉长肌肉直至感到轻微刺痛。正常来说，拉伸必须缓慢进行，并控制好正确的发力方向，才能保证拉伸效果（避免激活身体的防御系统）。拉伸的方向将由箭头的方向标出。

放松

在放松阶段，只需保持处在终止点的姿势，最大限度地放松肌肉。此时此刻，你正在尽力缓解身体收缩肌肉的冲动。如果能够主动地放松，拉伸效果会更好。

收缩

这是为了欺骗身体的防御体系而采取的另一种分散身体注意力的方法。你需借助一定的阻力（自己的手、地面或墙）收缩正在拉伸的肌肉以防止肌肉活动。在不加任何额外活动的情况下收缩肌肉会放松身体防御系统的警惕。此时，在上一阶段中感受到的轻微刺痛会缓解或消失。如果疼痛不减反增，说明在最初的拉伸阶段拉伸过度了。如果每一步都操作正确，现在就能够再次进行拉伸直至新的终止点了。

何时避免拉伸

大多数情况下拉伸是有益的，但在一些特殊情况下，需要特别小心，或者避免充分拉伸。

年龄

孩子的身体柔韧性比成年人好。随着年龄的增长，身体变得僵硬，柔软度和适应能力下降。然而，并不是说年龄大了就不要拉伸了。通过拉伸，还是能提高你的灵活性，保持身体的柔韧度，从而避免由于年龄增长导致的一些疼痛。你不必做劈叉，只需要将肌肉活动到放松就行了。这有助于你保持整个身体的协调。上年纪后一定要记住，最重要的一点是绝对不要强行拉伸。同时，不要认为自己能像年轻时一样，能够快速轻松地达到效果。

受伤之后

在某些情况下，受伤后立即能拉伸。在其他情况下，受伤后多休息才是有益的。总而言之，肌肉拉伤或腿抽筋后最好休息48小时再进行拉伸。如果伤势较重，也许需要休息更长时间。如果伤在关节处，如踝关节或膝关节扭伤，必须在伤势诊断之后再进行拉伸。为了保险起见，请联系推拿理疗师（神经肌肉骨骼伤病专家）或者物理治疗师进行诊断。

至于其他一些急性伤病，如颈部僵硬或背部疼痛，立即拉伸相应肌肉一直都是一个好办法。多活动是治疗这类伤病的最佳方法。活动时请使用正确的方法。

由重复活动导致的损伤也建议采用拉伸来治疗。这种损伤导致肌肉缩短或紧绷，从而反过来影响肌腱。切记拉伸时遵守前述的4大基本原则，拉伸或收缩肌肉时，如果疼痛加重，请立即停止动作。

颈部或背部的扭结

对于背部疼痛或颈部僵硬，并不会有明确的诊断。这些疾病可能由肌肉痉挛或者脊柱关节痉挛（或两者同时作用）引起。任何导致疼痛、降低身体活动性的症状都必须正确地诊断出来，这样才能获得正确的治疗方法。医生们通常将急性背部疼痛视为受伤，但这种诊断结果对于发现疼痛的具体位置和原因并无帮助。

长久以来，医生治疗急性背痛的套路就是卧床休息两周。现如今，我们了解了需要通过

身体略微前倾，包括洗碗的动作都能引起背部疾病。

运动来治疗背痛。任何突发背痛的人都应该找推拿理疗师、脊椎按摩师、物理治疗师或者医生做一个病情诊断。

关节过度活动

关节过度活动是指关节的活动量过大。体操运动员、舞蹈演员或武术学生都有可能受此问题困扰。关节过度活动也可以由基因问题引发。如果关节的活动量过大会伤及关节，关节及周围的韧带可能会开始发出疼痛信号。

有趣的是，即使关节周围的肌肉缩短了，关节也能具备极高的活动性。所以，关节过度活动并不意味着肌肉是放松的、有弹性的。为了避免关节出现更严重的问题，必须遵守拉伸的基本原则。拉伸的技术动作和需要拉伸的肌肉决定了一个关节过度活动的患者是否需要拉伸。你必须明白需要拉伸哪个部位以及正确的拉伸是什么感觉。

妊娠

许多女性在妊娠期会出现腰部疼痛，这首先是由于胎儿重量的增加引起的，而由于身体负荷的不断增加，肌肉也在缩短。几乎所有我帮助过拉伸的孕妇都会感觉疼痛得到缓解。

如果拉伸时或拉伸之后，骨盆都不会疼痛，那么在怀孕期间也能继续拉伸。生产完毕后，应该将盆底的韧带再次收紧。通常在产后12周就可以开始充分的拉伸训练。如果不确定如何在孕期拉伸，请咨询推拿理疗师或身体理疗师。

医学因素

能够使拉伸对身体产生不利影响的药物或疾病是不存在的。然而，大量使用可的松的患者，就应当比平时更加注意一些。如果注射了可的松，10天内都不要拉伸注射的区域。如有疑问请咨询医生或专业健康顾问。

许多日常活动都会给背部增加负担，会导致背部出现问题。身体微微前倾对身体来说绝不是好姿势。

尽量避免的动作（练习）

总体而言，任何动作（练习）只要会带动关节最大限度的活动，却不能达到拉伸肌肉的效果，都不是好的动作（练习）。举个例子，拉伸大腿前侧肌肉时将脚往后拉向臀部就是这样的动作（练习）。这时，膝关节明显弯曲，但想要拉伸的肌肉却没有得到很好的拉伸效果。有的动作（练习）还会增加腰部压力。主要的问题就出在初始姿势上。请尝试一下86页提到的股直肌卧姿拉伸，会在感受到自己在柔韧性方面的变化。

请不要做以下动作（练习）

- 以站姿拉伸大腿后侧。
- 以站姿拉伸大腿内侧。
- 以卧姿拉伸大腿前侧时，小腿与大腿接触。
- 以坐姿拉伸臀肌。
- 以站姿拉伸髋部屈肌时，腿向后伸直。
- 拉伸胸部时，手臂伸直举至肩部下方高度。
- 以跪姿拉伸大腿前侧。
- 以站姿拉伸大腿前侧。
- 以站姿弓背拉伸肩胛骨间的肌肉，双手交叉于膝盖。

绝对不要在以下情况下拉伸

- 骨折后。
- 高烧时。
- 关节发炎时。
- 覆盖肌肉的皮肤有开放性创面或缝合口。

不推荐以站姿拉伸大腿内侧（也称为劈叉）。因为这种运动会增加大腿内侧的压力。

以卧姿拉伸大腿前侧会带动腰部做许多额外的动作，同时也造成膝关节最大限度的活动

拉伸大腿后侧时弓背、腿部过度拉伸，会造成膝关节和背部的压力过大。

拉伸臀肌时，腰部应该呈弓形，而不是图中所示的圆形。

不推荐以站姿拉伸髋部屈肌，且腿向后伸直。拉伸髋部屈肌时，请不要增加腰部弯曲的弧度，而是要保持背部平直。

以站姿拉伸大腿前侧时，这一动作的主要运动都会发生在腰部，同时也导致膝关节最大限度的活动。

拉伸胸部时，不推荐伸直手臂置于肩部下方的高度。因为手臂伸直会增加肘部的压力。

不推荐以跪姿拉伸大腿前部。因为这一姿势会导致增加腰部的弯曲度，也会造成膝关节最大限度的活动。

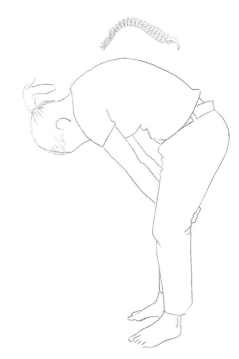

以站姿拉伸肩胛骨间的肌肉会给脊柱椎间盘增加过大的压力。

良好的姿势对身体有益

良好的姿势能够消除不必要的静态活动，不会伤及肌肉。如果肌肉被迫在静止的状态下工作，会消耗更多的能量，从而产生更多乳酸并导致肌肉疲劳。良好的姿势能最大程度地将负荷推向身体的中心，提高坐立和站立的效果。

不良姿势可由以下因素导致

- 缩短的肌肉。
- 肌肉力量不佳。
- 未治疗的旧伤。
- 受周围人姿势的影响（儿童模仿成人）。
- 忧虑和压力。
- 疼痛。

脊柱

脊柱是在不增加额外负担的前提下形成良好姿势的主体。脊柱和周围的肌肉为以有益的方式移动身体提供了极大助益。

脊柱包括24节独立的椎骨，椎骨的大小从顶部至底部逐渐变大。它们由不同的关节和韧带连接在一起。骶骨和尾骨位于脊柱的底部。骶骨由五节椎骨组成，五节椎骨最后合为一块骨头楔入髋骨之间。骶骨下方的骨头称为尾骨，也是由四至五块小椎骨合为一块骨头而成。

整个脊柱都由众多小肌肉包裹着。除了脊柱顶部之外，每节椎骨之间都由椎间盘隔开。

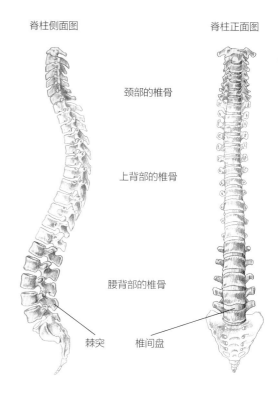

脊柱侧面图　　　　　　脊柱正面图

颈部的椎骨

上背部的椎骨

腰背部的椎骨

棘突　　　　椎间盘

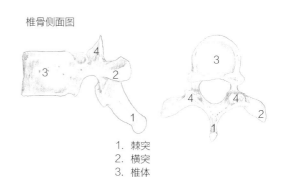

椎骨侧面图

1. 棘突
2. 横突
3. 椎体
4. 脊柱关节突

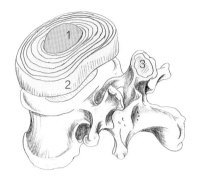

1. 髓核 = 果冻状物质
2. 纤维环 = 纤维软骨环
3. 脊柱关节突

脊柱的活动包括以下几点
1. 向两侧弯曲
2. 向后弯曲
3. 向前弯曲

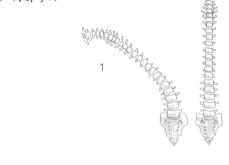

椎间盘是由一圈软骨和含有果冻状物质的核组成的。椎间盘的作用是缓冲，与跑鞋的作用一样。

它们是吸收力和震动的缓冲器。如果没有椎间盘，脊椎就会因为在站立或行走的过程中反复受力挤压而被挤碎。脊柱是活动的支柱，从侧面看有三个明显的生理性弯曲。

颈部的7节椎骨呈拱形，或称为颈椎前凸。接下来胸部的12节椎骨呈圆弧形，或称为脊柱后凸。位于腰背部的最后5节椎骨形成另一个拱形。这种形状有助于背部缓冲外力，因为可以通过增大或减小弯曲的幅度来释放压力。为了将这些可以活动的零件固定在特定的位置，脊柱包裹着一层韧带和小肌肉，在它们的共同作用下人体的背部得以稳固，才能活动自如。

脊柱的作用非常大，它不仅仅只是保护从中流过的脊髓和保持身体竖直，还具备自由弯曲的柔韧性，在我们跑步或步行时能够缓冲外力，还在我们举起重物时能够承受强大的压力。同时，脊柱还能够朝不同方向活动，因此，脊柱是身体构造最巧妙的部位之一。

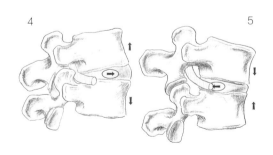

4. 向后弯曲减小神经的空间
5. 向前弯曲增大神经的空间，同时也增加椎间盘前方的压力，迫使髓核向椎间盘后方移动

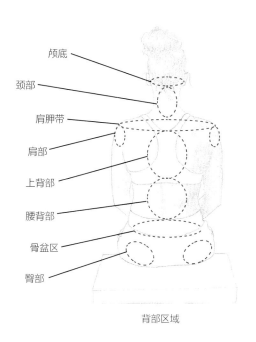

颅底

颈部

肩胛带

肩部

上背部

腰背部

骨盆区

臀部

背部区域

以下动作非常容易造成椎间盘突出。

　　以不良的姿势走路，大幅度地低头垂肩地坐立或站立。如果来自地面的外力无法从脊柱中心穿过，对椎间盘的损伤力将增加高达9倍。

　　举重物时腿部不发力。提重物时偶尔或经常性、习惯性地伸直腿部、弯曲背部是使椎间盘突出的最典型方法。如果在提重物时试着扭转身体，椎间盘突出的可能就增加了好几成。

　　坚持就会有回报。

　　记住，*事出必有因*。

椎间盘突出

　　椎间盘破裂后，软骨纤维环破裂，果冻状髓核物质从破裂之处突出。有时还会压迫周围的脊神经，形成刺激、引发炎症，导致疼痛。疼痛可能是局部性的，也有可能辐射至受压迫神经脉冲影响的整个区域。椎间盘突出最常出现在腰背部第4节和第5节腰椎上。不巧的是，坐骨神经正好位于这个位置。如果坐骨神经被压迫，疼痛会从腿部一直延伸至脚掌，甚至减弱反射和运动控制。然而，大多数椎间盘突出是没有症状的，也就是说不会引起疼痛或出现任何症状。事实上，大多数人到了45岁都会有至少一块椎间盘突出，只是他们不知道而已。

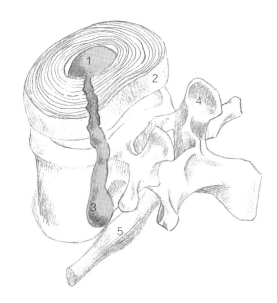

1. 髓核
2. 纤维环
3. 髓核流向神经（5同3）
4. 脊柱关节突

腹肌

有关腹肌的问题在于，我们知道它们在哪个位置，也知道如何训练腹部肌肉，但我们不知道如何正确地使用它们。腹肌对于姿势和脊柱的健康起到重要的作用。它们使身体上半部和下半部之间稳固，并能消除脊柱中椎间盘的压力。

组成腹肌的4块主要肌肉有前部的腹直肌、腹外斜肌、腹内斜肌和腹横肌。它们的主要功能包括向前弯曲躯干、扭转躯干、向两侧弯曲躯干。虽然这些功能都很重要，但腹肌最重要的功能是通过呼吸、闭嘴、收紧腹肌来调节腹腔内的压力。腹腔内压力增大，椎骨就会分离，椎间盘上的压力就会减弱。腹腔内压力大就能将底部椎间盘的压力减小50%，将底部上方的椎间盘压力减小30%。了解了这些知识，就很容易理解为什么在提东西时，无论轻重，都应该通过腹肌形成腹内压力。

为了形成这种压力，必须要收紧腹肌。这听起来也许很简单，但许多人都不能正确做到。有的人认为将肚子鼓起来就是收紧腹肌，有的则认为应该将肚子收紧，这两种动作都达不到预期的效果。

测试腹肌

- 背靠墙站立。脚跟、臀部、肩胛骨和后脑勺贴墙。试着尽量将腰背部向墙壁靠近，同时保持腿部或肩部贴墙。如果不能确定腰背部是否在向墙壁方向靠，请将一只手放在墙壁和腰背部之间。
- 背部平躺在地，双腿双脚并拢。正常来说，在腰背部和地面之间会有明显的空隙。接着，试着将背部贴向地面。请将双手置于腰背部和地面之间，这样就能感受到自己活动腰背部所花的力气。

在这些运动中，腹肌几乎得到了充分的活动。有的人无法将自己的腰背部贴向墙壁或地面，他们无法调动自己的腹肌。他们只能扭转自己的身体而无法将腰背部移动到目标位置。请反复尝试这一测试方法，这有助于你使用并依赖自己的腹肌，从而帮助你形成更好更放松的姿势。

如果你无法收紧腹肌，请试着体会咳嗽或生孩子的感觉。如果其他肌肉缩短或太过紧绷，也很难收缩腹肌，比如髋部屈肌或位于大腿前侧的股四头肌。这些肌肉的拉伸方法在本书练习部分的第83页和第86页有讲解。

正确的姿势

站姿

从侧面看，耳朵、肩膀、臀部、膝盖和腿应该在同一条线上，从而形成身体的垂直线。脊柱呈正常的生理曲线时，脊柱吸收的外力会径直穿过每节椎骨和椎间盘。膝盖应当微微弯曲，而不是过度伸展。

常见错误

- 下巴前伸使耳朵位于肩膀之前，颈部呈秃鹰的姿势。
- 向前绕肩，导致上背部驼背。
- 臀部向前顶，尽量弓腰（不过对许多人来说这是休息的姿势）。
- 臀部后翘，腰背部的弧度放平，臀部形成的姿势我称之为"出租车"臀部。

从正面看，头部位置应当正且直，不能歪斜或扭转。（这种区别很难识别，因为差异细微。）肩部应放松下沉，两肩位置平齐。双脚距离应与臀部同宽，脚尖应微微分开。

上述姿势乍一看起来很简单，但是，观察周围的人你会发现很少有人能这样站立。他们的身体或前倾后倒，或左右歪斜。他们还可能为双腿带来比他人更大的负担。

如何正确地站立

- 双脚应与臀部同宽，两只脚尖呈一定角度。
- 两只脚的脚跟和脚掌应承受相同的体重。
- 膝盖应微屈。先伸直膝关节再微微弯曲。膝盖只需往前移动2.5厘米左右即可。
- 需略微收紧腹肌以保持平稳。
- 脊柱应保持其正常的生理弯曲。
- 肩部应下沉。
- 头部应平直。

可通过请他人下压肩部的方法来检验姿势是否正确。如果站姿正确，就不会晃动。特别重要的一点是下腹部不要因为肩部受力而凸出。如果下腹部凸出，腰背部就会过度弯曲。只需收紧腹肌，保持腰背部平整，就能改正错误的姿势，与靠墙做的练习大同小异。

正确的姿势

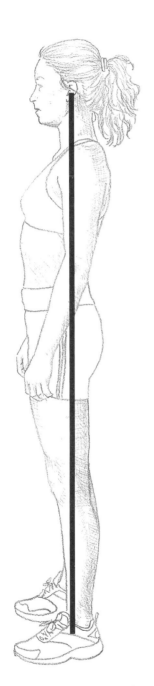

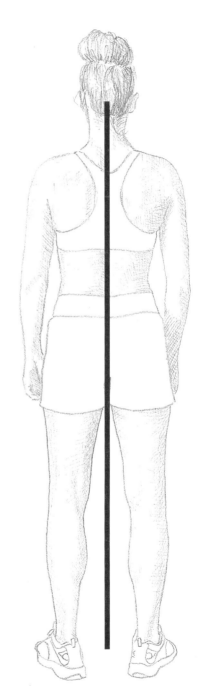

垂直线是一条虚拟的线，连接耳部、肩部、脊柱、膝盖和脚踝外侧。

身体的重量必须在这条线的左右两侧平均分配。

不良姿势

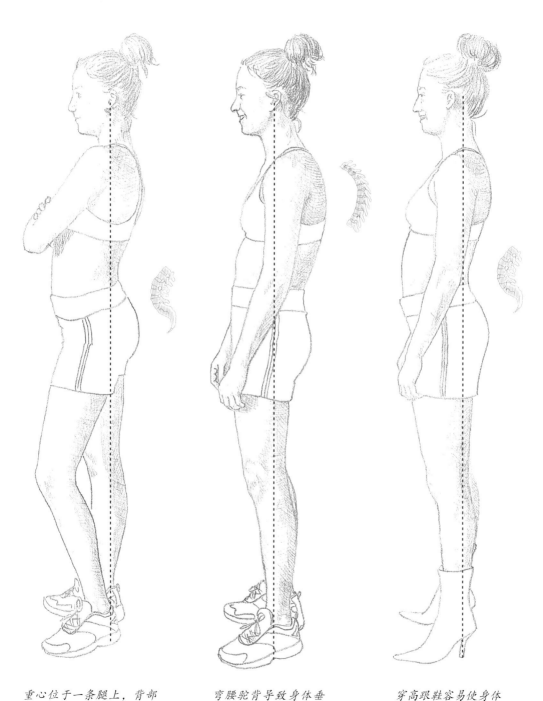

重心位于一条腿上，背部前弓，导致身体垂直线过度后置。

弯腰驼背导致身体垂直线过度靠前。

穿高跟鞋容易使身体垂直线过度后置。

坐姿

虽然我们并不建议你经常坐着，但有时必须得坐。坐着时，保持身体的活跃度至关重要。不要松弛所有的肌肉，也不要懒懒散散，要让相应的肌肉活动起来。多数情况下，长时间保持正确的坐姿很困难，因此，就需要时不时地站起来活动一下身体。

正确的坐姿需要的不是一把好椅子，而是先要了解正确的站姿。如果知道了怎么站才是正确的，坐着的时候也会知道脊柱是否处在正确的位置。即便是坐着，脊柱的曲线仍然决定了负载量对身体其他部位的影响。

记住，坐立时双脚于地面上分开一定宽度以获得更好的支撑效果。如果坐的椅子较高，就更加有利于大腿和背部形成较大的角度。角度至少要达到45度。背部必须挺直，保持站立时的曲线。肩部下沉与耳朵在一条线上。尽量不用椅子靠背。坐立时保持身体活跃是保护背部的最佳方式。使用靠背会无法避免地破坏背部的正常曲度，从而进一步增加脊椎间盘的压力。更糟糕的是，你不再是利用肌肉保持身体竖直，而是被动的依赖韧带和关节囊这样的固定结构来保持直立。

如果没有经常练习正确的站姿，偶尔坐下来是有好处的。然而，一把质量上乘、价格高昂的椅子并不能保证背部健康。这完全取决于你坐立的时长、坐立的姿势以及肌肉的强度和柔韧性。

记住，坐着不动和动静结合是有差别的。

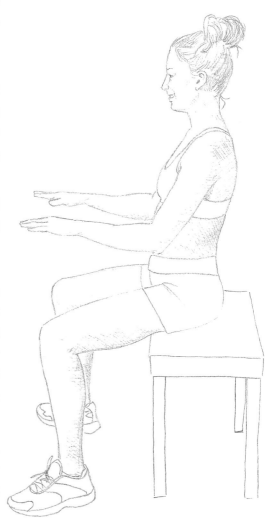

坐立时，脊柱的生理弯曲应该与正确地站立时一样。

拉伸的基础知识

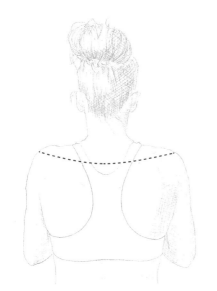

在有压力的情况下，肩部会有上提的趋势，导致肌肉静态工作。

不良姿势的后果

如果长时间坐立，或坐立时一动不动，那么站立时也无法保持正确的姿势。甚至在走路或跑步时都会遇到麻烦，因为控制这些动作的重要肌肉在坐立期间变紧了，也缩短了。

不良姿势会导致以下问题

- 缩短的、紧绷的肌肉继续让姿势更错误。
- 跑步或走路姿势不佳会导致其他伤病。
- 肌肉中的扳机点会导致局部不适，或将疼痛扩散至手臂和腿部。
- 头痛会导致肌肉紧张，增加肌肉中的乳酸含量，从而加重头痛。

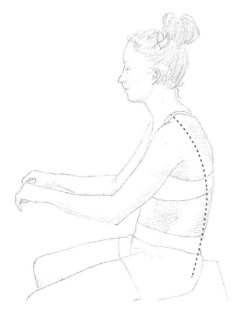

坐立时弯腰驼背会导致腰背部椎间盘的压力增加高达10倍。甚至连颈部的肌肉都不得不在静止状态下工作，以防止头部向前垂落。

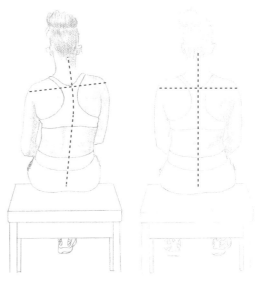

坐立时交叉双腿会将身体推向一个方向。其他的肌肉不得不赶紧补救，才不会向侧面摔倒。

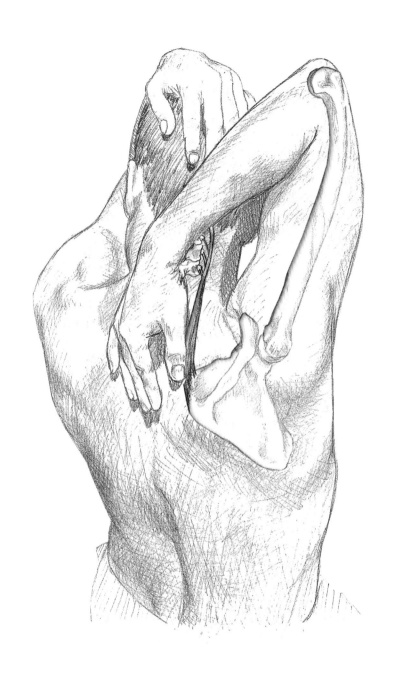

针对性拉伸

上斜方肌

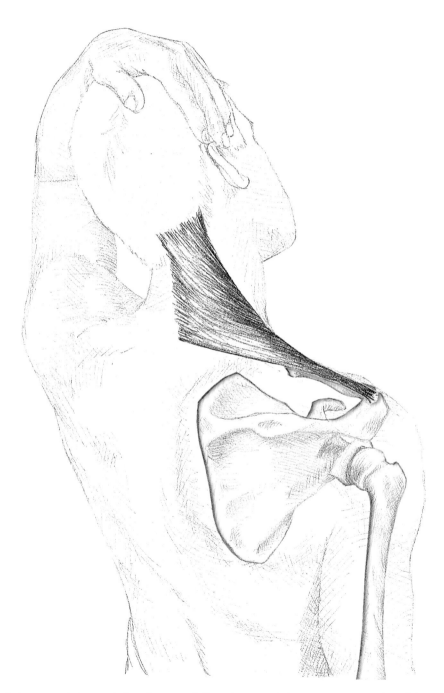

正确完成这一运动的效果非常显著。初始姿势和手的位置非常重要；拉伸过程中，肩部必须下沉以减少肌肉的静拉伸。进行这一练习时不必用力太大，只需做第1步和第2步。

肌肉的知识

斜方肌是一块大而扁平的肌肉，它靠近肩部、颈部和上背部的皮肤。斜方肌负责上提肩部，靠拢两边肩胛骨，旋转头部，并帮助头部向侧面倾斜。

肌肉紧绷的原因

下意识地耸肩会导致斜方肌紧绷和缩短。这一动作导致肩部持续静态紧绷，从而造成整个区域紧绷。耸肩的原因有很多，比如感到寒冷或压力。

在您有压力时无法放松颈部和肩部的现象很常见；肌肉紧绷就出现在这一区域。由于斜方肌负责上提肩部，如果您经常处于压力状态，这块肌肉就无法放松。因此，它会严重地紧绷或缩短，从而导致疼痛和疲劳。

肌肉紧绷的症状

- 颅底、耳部之上、眼周或眼部后方区域疼痛。
- 肩胛带区域局部疼痛。
- 两边肩胛骨之间局部疼痛。
- 无法向侧面旋转或倾斜头部。

柔韧性测试

您的头部应该能够向侧面倾斜约45度，并能从左侧和右侧旋转大约90度。

注意

如果在拉伸过程中，疼痛集中出现在耳部下方，而非肌肉疼痛，请停止练习。

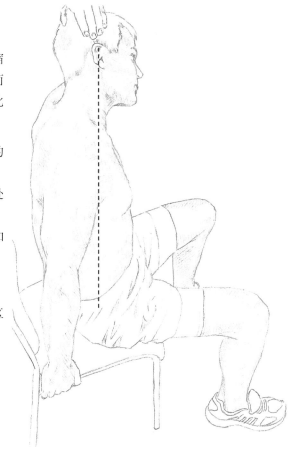

请确保您的头部与上半身在一条直线上。

动作要领

　　坐在椅子或凳子上，两脚分开一定距离，背部和腹部稍微收紧。右手伸向身后，抓住椅子边缘。上半身向左倾斜，保持头部竖直。右肩或右侧上臂有轻微的拉拽感。

　　接下来，试着向天花板方向抬起右肩保持5秒。请勿将身体转向两侧。休息几秒后将上半身向左侧再倾斜一些。现在，身体姿势就是正确的拉伸初始姿势了。

　　小心地将头部靠向左侧并微微转向右侧。左手扶头部，小心地将头部拉向一侧，拉伸肌肉5至10秒。颈部和肩部感到轻微刺痛时停止动作。让肌肉休息5至10秒。

　　将头向左移动以进一步拉伸，直至到达新的终止点。

　　重复2到3次。

常见错误

- 坐立时身体不挺直。
- 头向前靠。
- 手放在椅子上离身体太远。

说明

　　如果发现肌肉无法得到很好的拉伸，可以尝试通过深层组织按摩来放松肌肉，提高肌肉对拉伸的接受程度。拉伸时不要急于求成，而是要在刚开始的时候循序渐进。

手放于身体斜后方，准备就绪。向侧面倾斜上半身来降低肩部高度。

通过将肩部向天花板方向提起并保持。接着，放松肩部，向侧面倾斜，加大倾斜的角度。

拉伸时小心地将头部向侧面移动，同时向反方向微微扭转。小心地将头推向手部并保持。

胸锁乳突肌

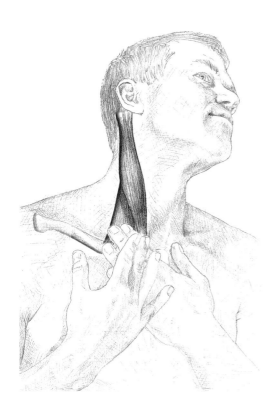

这一练习会令人感觉尴尬，因为肌肉处在敏感的位置。如果实在不适，请不要做此练习。开始时，可以请一名理疗师帮助你完成。要想找到这块肌肉，请站在镜子前将头部转向身体一侧。这一动作会让肌肉清晰地显现。

肌肉知识

这一圆形肌肉在颈部前侧的部分贴近皮肤，很容易看见。从锁骨深处沿着颈侧生长，与耳后的颅底骨骼相连。胸锁乳突肌的主要功能是将头部向侧面倾斜或扭转，同时也帮助大力吸气，还负责将脖子的底部向前伸，头部向后缩。

导致紧绷的原因

不良姿势，如弯腰驼背地坐着看电视或玩电脑会导致这块肌肉缩短。不良姿势还可以由胸大肌缩短导致。由胸锁乳突肌缩短导致的不良姿势可称为"秃鹰颈"，因为这一形象会让人联想到秃鹰颈部和头部的形状。

由于处于压力之下的人会大力呼吸、耸肩，这块肌肉被迫长时间地进行静态运动，从而导致紧绷和疼痛。

肌肉紧绷的症状

- 头顶疼痛。
- 脊柱正上方的头部区域出现问题。

柔韧性测试

背部、后脑勺靠墙站立。一只手放在颈部后方，试着将颈部向墙壁方向靠拢，颈部力量应该能够大过手部的阻力。

警告

如果这一运动导致颈部疼痛、头晕或呼吸困难，请立刻停止练习。

动作要领

坐立或站立时都能完成这一练习。

在锁骨的右侧找到肌肉的连接点，将三个手指放在肌肉底部2.5厘米处，将左手放在右手手指上，保持它们的位置。

缓缓向后侧和左侧移动头部，直到颈部右侧有轻微的灼热感。然后，放松肌肉5至10秒。

将头移向初始姿势的位置并控制住。为了放慢动作的节奏，可以将一只手放在额头上，头部发力贴紧手掌，保持5至10秒，然后放松肌肉5至10秒。

头部向后、向侧面移动以进一步拉伸，直至到达新的终止点。

重复2到3次。

常见错误

- 肌肉定位不正确
- 头部扭转方向错误

说明

如果完成这一动作有难度，在定位肌肉位置之前将头部向前伸，这样能够更快地完成拉伸动作。

用手指定位肌肉的位置。头部向后、向侧面靠。

朝初始姿势方向向后移动头部并控制住。

斜角肌

本练习与26页的上斜方肌练习类似。区别在于头部向一侧倾斜，但不需旋转头部。

肌肉知识

斜角肌位于颈部两侧、上斜方肌和胸锁乳突肌之间。斜角肌在颈椎和最上方的两根肋骨之间活动，协助头部向两侧倾斜，协助人体进行大力吸气。

导致紧绷的原因

坐立时习惯性地将头偏向一侧（例如用下巴和肩部夹电话）会导致斜角肌紧绷或缩短。

这些肌肉属于应力肌，因为在压力状态下会出现吸气频率增加。

肌肉紧绷的症状

- 头部无法向侧面倾斜。
- 手掌或手臂刺痛或麻木。

柔韧性测试

应该能够将头部向侧面倾斜45度。

警告

拉伸过程中如果颈部疼痛请停止这一运动。

动作要领

坐立于椅子或凳子上，双脚分开一定距离，背部和腹部微微收紧。右手伸向身后，抓住椅子边缘。将上半身向右倾斜，右肩或上臂会有轻微的拉拽感。

接下来，试着向天花板的方向上提右肩保持5秒钟。身体不要向侧面活动。放松几秒钟，然后继续将身体向侧面再移动一些。现在，身体姿势就是拉伸的正确初始姿势了。

头部小心地向左侧倾斜。左手抱头，放在颈部右侧。小心地将头部向左侧拉，拉伸肌肉5至10秒。颈部右侧感到轻微刺痛时停止动作。放松肌肉5至10秒。

继续将头部向左侧移动，以进一步拉伸，直至到达新的终止点。

重复2到3次。

常见错误

- 练习时坐立姿势不端正
- 头部的移动与脊柱不在同一条线上
- 抱住头部，而非颈部

说明

如果完成这一动作有难度，再次拉伸斜角肌之前请花时间拉伸斜方肌和胸锁乳突肌。

手放置于身体斜后方，准备就绪。头部和身体竖直地向侧面倾斜。

头部与手掌反方向运动，以产生抗阻力。

枕下肌群

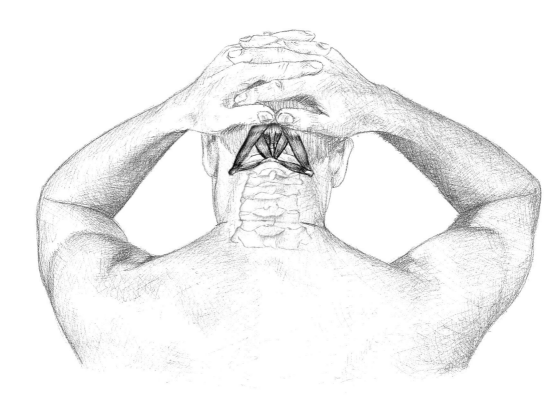

这一练习有两点需要注意。上半身不要向前倒（仅颈部向前弯曲放松），并注意大拇指的位置。为了达到最佳效果，请用大拇指按压颅底下方的软组织。

肌肉的知识

这一肌肉群位于颅底的正下方。自颈椎顶部的前两节连接至颅底。枕下肌群的功能是将头部向后靠、稳固头部、在头部活动时做出适当的调整。

导致紧绷的原因

头部向前伸、与身体不在一条直线上的不良姿势会造成肌肉静态运动，导致人会凝视前方，而无法看向地面。这一过程造成了肌肉缩短。

枕下肌群还会在压力状态下变活跃，特别是晚上睡觉磨牙或紧咬双颌。如果醒来后感到头疼，说明这些肌肉在夜里工作过度了。

肌肉紧绷的症状

- 下巴无法碰到肩部。
- 颅骨底部或头顶疼痛。

柔韧性测试

由于枕下肌群控制的动作与胸锁乳突肌相似，因此可以用同样的方法进行测试。通常这两种肌肉会同时出现紧绷。

站立时背部和后脑勺靠墙。一只手置于颈后，颈部尽量向墙壁方向靠拢。颈部力量应该能胜过手部的阻力。

警告

如果这一运动导致颈部疼痛或轻微眩晕，请停止该动作。

动作要领

这一运动可在坐立或平躺时进行。双手交握十指相扣，置于颅底部位。用拇指推压颅底正下方的肌肉。头部慢慢向前伸，拉伸肌肉5至10秒。感受一下肌肉是如何推挤拇指的。接着，放松肌肉5至10秒。

头部继续向前伸，进一步拉伸肌肉，直至肌肉有拉伸感，或有轻微的刺痛感，到达新的终止点。

重复2到3次。

常见错误

- 坐姿不端正。
- 头部向下伸，而非向前伸。

说明

如果拉伸效果不佳，可以用拇指按摩颅底下方区域几分钟，或向理疗师寻求帮助，

直至能够独立完成此运动。

拇指置于颅底正下方软组织处。头部向前伸时请避免弯腰。

头部与手掌反方向运动，以产生抗阻力。

肩胛提肌（版本1）

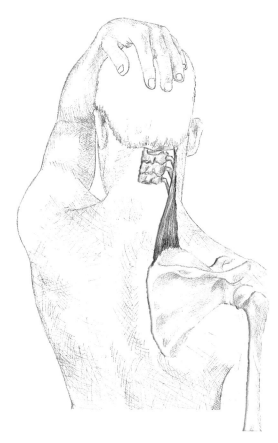

始终保持正确的拉伸初始姿势非常重要。如果坐立时弯腰驼背，拉伸效果就会远不及端坐时的拉伸效果。注意头部的扭转。头部扭转45度时，头部便开始向前弯曲，必须确保身体所有部位都在一条线上，这样，肌肉拉伸的角度才不会出错。

肌肉知识

肩胛提肌连接肩胛骨上部和四节位于顶部的颈椎，是位于上斜方肌下方的平薄肌肉。

肩胛提肌的功能是向两侧扭转和倾斜头部。两侧的肩胛提肌同时工作时，会提升肩胛带并使头部向后弯曲。

导致紧绷的原因

不良的姿势、持续提肩或上提肩胛带、用下巴和肩膀夹电话，都会造成肩胛提肌缩短。

由于肩胛提肌能升高肩胛带，因此在压力之下它也会发生静态运动，因为人在应对紧张时经常提肩。

肌肉紧绷的症状

- 头部无法扭转。
- 下巴无法触及肩部。
- 后脑勺疼痛。
- 颈部出现扭结。

柔韧性测试

头部应该能够扭转接近90度，颈部应该能向两侧弯曲接近45度。

警告

如果这一运动导致颈部疼痛，请立即停止。

动作要领

坐立于椅子或凳子上，双脚分开一定距离，背部和腹部微微收紧。右手置于身后，抓住椅子的边缘。身体向左侧倾斜，保持头部竖直。此时右肩或上臂会有轻微的拉拽感。

现在，试着向天花板的方向提起右肩保持5秒。身体不要向侧面移动。放松几秒钟，然后上半身继续向左侧倾斜一些。现在的身体姿势就是正确的拉伸初始姿势了。

头部向左扭转45度。左手置于后脑勺，朝着膝盖的角度轻轻向前拉。保持轻拉的动作拉伸肌肉5至10秒。颈部右侧感到轻微刺痛时停止动作。接下来，放松肌肉5至10秒。

头部小心地向后靠抵住手掌，以产生抗阻力。然后，放松肌肉5至10秒。

慢慢地将头部朝着膝盖的方向向胸口拉近，进一步拉伸肌肉，直至到达新的终止点。

重复2到3次。

常见错误

- 坐姿不端正。
- 颈部缩紧，而不是头部向前、向下运动。
- 头部扭转的角度不正确。
- 设有沿着鼻尖至膝盖的方向运动。

说明

如果其他肌肉紧绷，肩胛提肌则很难拉伸。如果这个运动对你来说有难度，请试着先拉伸斜方肌和枕下肌群。

保持初始姿势时，手放置于身体斜后方，扭转头部45度。头部朝左膝方向向下拉伸，保持身体挺直。

将头部压在手上与手掌相抵，以产生抗阻力。

肩胛提肌（版本2）

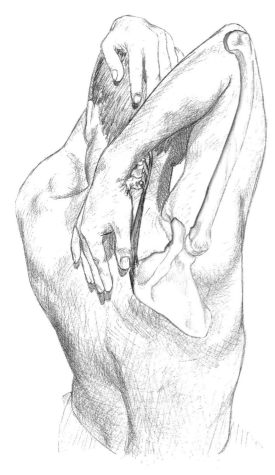

这一版本与之前拉伸肩胛提肌的动作相似。头部的位置、运动方式和方向都一样。而在这一版本中，须将手臂置于头上，同时最大限度地扭转肩胛骨，以增加拉伸的幅度。

警告

如果肩关节或颈部疼痛，请勿做这一运动。

动作要领

坐立于椅子或凳子上，双脚分开一定距离，背部和腹部微微收紧。抬起右手臂超过头部的高度，弯曲手肘，右手抵在颈部。左手置于后脑勺。

向左扭转头部45度，鼻尖对准左膝。左手以一定的角度轻轻将头部往左膝方向拉，直至颈部右侧感到轻微刺痛。保持轻拉动作5至10秒，然后放松肌肉5至10秒。

头部小心地向后往手掌靠靠，与左手相抵，产生抗阻力。然后放松肌肉5至10秒。

继续将头部向膝盖方向拉，以进一步拉伸，直至到达新的终止点。

重复2到3次。

常见错误

- 坐姿不端正。
- 颈部缩紧，而不是头部向前、向下运动。
- 头部扭转的角度不正确。
- 没有沿着鼻尖至膝盖的方向运动。

说明

如果肩关节紧绷，就无法较好地拉伸这块肌肉。如果有这个问题，请试着先拉伸背阔肌和胸大肌。

手臂尽可能往颈部后方伸展，头部朝着左膝的
方向向前伸。

头部往回靠与手掌相抵，以产生抗阻力。

胸大肌（版本1）

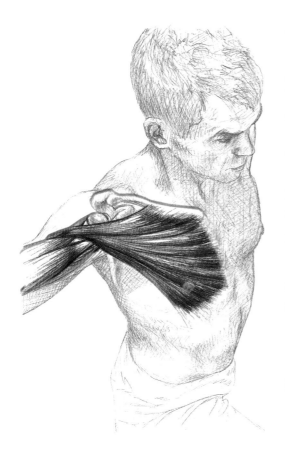

肩关节是活动最多的关节，肩关节活动过度会导致胸大肌难以拉伸。如果肌肉过于紧绷也很难拉伸。这一练习中掌握正确的动作要领非常重要。保持腹部收紧以防止弓腰。

肌肉知识

胸大肌是位于胸腔前部靠近皮肤的大块肌肉。它生长于锁骨附近区域、胸骨和腹肌顶部，从这些部位一直延伸至上臂。胸大肌负责向内扭转手臂，向前活动肩胛骨。

导致紧绷的原因

不良的姿势习惯导致胸大肌缩短，例如弯腰驼背、在身体前伸直手臂。发型师、按摩理疗师以及用电脑工作的人群最容易受影响。

通常不认为压力会对胸大肌产生直接影响，但有的人在拉伸胸大肌后倍感轻松，还有人甚至觉得呼吸都顺畅很多。消减胸大肌的紧张往往有助于形成更好的姿势，而更好的姿势则能帮助放松其他肌肉。

肌肉紧绷的症状

- 秃鹰颈（头部凸出于身体前）。
- 肩胛骨之间疼痛或肌肉痉挛。
- 胸骨疼痛。
- 胸口受压（类似心绞痛）。
- 手臂出现刺痛感和麻木感，尤其在夜间。

柔韧性测试

测试1

背靠墙站立。双臂向身体两侧伸展，直至肘部略高于肩部。手臂弯曲90度，扭转前臂贴至墙壁，上臂与肩部保持在同一水平线上。整个前臂和手背应该能够在不弓腰的前提下与墙壁贴合。

测试2

面朝呈直角的角落站立。一只脚踩在角落里，弯曲手臂90度。接着，手肘抵着墙壁扭转至前臂紧贴墙壁，上臂的高度与肩部平齐。上半身向角落倾斜。柔韧性越好，胸部就会越贴近墙面。

警告

如果肩关节、肩胛骨之间或腰背部在拉伸时出现疼痛，请停止这一运动。

动作要领

右手和右前臂抵着门框站立。手肘的位置应该比肩部略高一些。收紧腹部避免弓腰。右脚向前迈一步。

慢慢地弯曲右腿，拉伸5至10秒。这一动作会导致身体向前方和下方倾斜。胸肌有轻微刺痛感时停止动作。然后，放松肌肉5至10秒。

右手肘靠压在门框上，产生抗阻力，保持5至10秒。然后放松5至10秒。

重复2到3次。

常见错误

- 手肘位置过低。
- 没有收紧腹部（从而出现弓腰现象）。

说明

如果肩关节的活动量太大，拉伸胸大肌的效果就不会很好。如果存在这一问题，请将手臂再抬高一些。

手肘略高于肩部。收紧腹部，上半身向前倾斜。

身体保持不动，手肘靠压门框以产生抗阻力。

胸大肌（版本2）

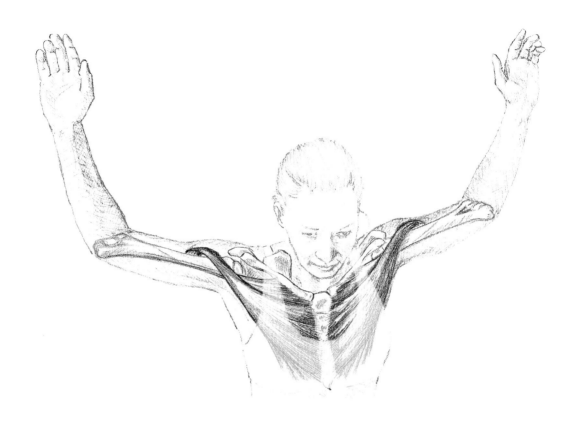

如果想增加胸大肌、肋骨周围肌肉、肋骨间和脊柱间肌肉的柔韧性，这个运动非常有效。本练习同时拉伸两侧的胸大肌，因此两只手肘一定要在同一高度上，才能产生对等的拉伸效果。同时还要记得双腿交替向前迈步。

动作要领

面向直角的墙角站立。一只脚踩在角落上，双手手掌和前臂抵住墙面。手肘的高度应略高于肩胛骨，前臂应指向天花板方向。收紧腹及防止弓腰。

前腿弯曲，身体向墙角方向倾斜，拉伸5至10秒，直到胸部肌肉有轻微刺痛感或拉扯感。然后，放松肌肉5至10秒。

双手手肘向墙壁靠压，上半身保持不动，产生抗阻力。肌肉中的刺痛感会减弱。放松肌肉5至10秒。

再度弯曲前腿，上半身向墙角方向倾斜进一步拉伸肌肉，直至再次出现轻微刺痛，到达新的终止点。

重复2到3次。

常见错误

- 手肘位置过低。
- 前臂指向内侧，而不是竖直朝上。
- 没有收紧腹部，出现弓腰现象。

说明

如果柔韧性欠佳，拉伸肌肉有难度，请在尝试这一运动前试着按版本1的动作练习一段时间。按摩肌肉也能帮助肌肉放松。

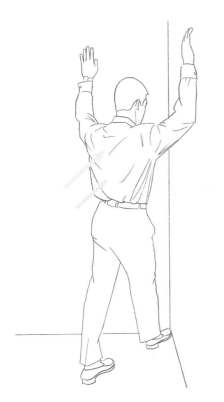

双肘略高于肩部。收紧腹部，上半身向墙角倾斜。

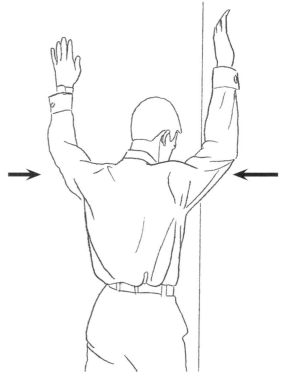

身体保持不动，双肘向墙面靠压，以产生抗阻力。

胸小肌（站姿版）

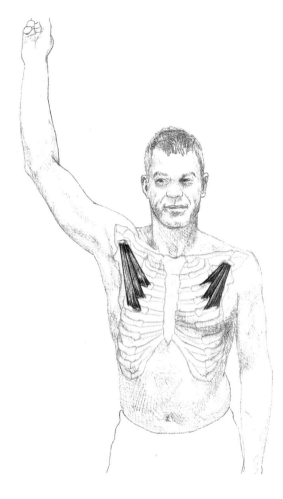

拉伸胸小肌很难真正感受到较好的拉伸效果，因为这块肌肉会非常紧绷，而且肌肉完成动作的幅度相对较小。即便您的感觉不是很明显，拉伸仍然对您有帮助。这一拉伸练习能够缓解手掌和手臂在夜间出现的麻木症状。拉伸时，如果您的手臂或手掌有感觉，说明肌肉正在工作。您不必太过在意；这种感觉会随着您肌肉柔韧性的增加而消退。

肌肉的知识

胸小肌位于胸大肌下方，从第三节和第五节肋骨的前侧延伸至肩胛骨上部的突起上。它的主要功能是下沉肩部和稳固肩胛骨。它还参与大力吸气和呼气。

肌肉紧绷的原因

长时间静态工作和不良姿势会造成这一肌肉紧绷。与其他肌肉一样，压力会导致上胸部紧张，特别是在呼吸越发急促的时候。

肌肉紧绷的症状

- 麻木或疼痛辐射至手臂。
- 出现与网球肘类似的症状。
- 无法深吸气。
- 整个肌肉疼痛（与心绞痛或突发心脏病类似的症状）。

警告

拉伸时如果您的肩关节或颈部出现疼痛，请不要做这一运动。

动作要领

右前臂和右手抵住门框站立。手肘置于肩关节之上，高出一定距离。前臂应向上伸，身体与手肘形成130度夹角。腹部收紧防止弓腰。右脚向前迈一步。

慢慢弯曲右腿，带动上半身向前、向下慢慢倾斜，拉伸5至10秒。肌肉感到轻微刺痛时停止动作。放松肌肉5至10秒。

手肘慢慢往前压，以产生抗阻力，保持5至10秒。放松5至10秒。

再次弯曲右腿直至有轻微刺痛感，进行进一步拉伸，到达新的终止点。

重复2到3次。

常见错误

- 手肘位置不正确。
- 肩关节缺乏柔韧性。
- 肌肉收得不够紧，导致弓背。

说明

由于肌肉很难拉伸到，因此这一运动有一定难度。活动胸小肌前请试着拉伸胸大肌。

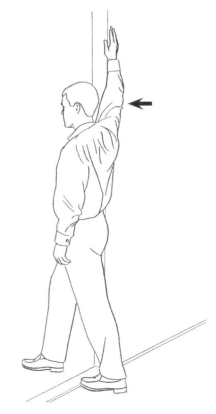

请将手肘保持在眼部的高度。收紧腹部，上半身前倾。

身体保持不动，手肘向门框靠压，以产生抗阻力。

胸小肌（坐姿版）

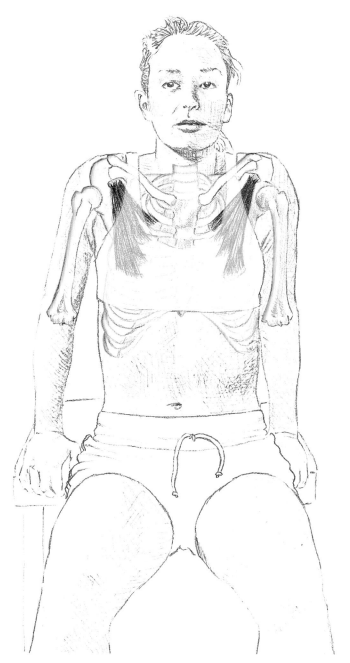

这一运动需要有力的手臂和一把固定的凳子。刚开始做这一运动时需格外小心。开始肩部和肩胛带会感受到拉伸，随着时间的推移，这种感觉会消失。

如果肩部、颈部或手腕部有疼痛，或是无法伸直手臂支撑自己，请不要做这一运动。

动作要领

坐立于稳固的平面，如固定在地面的凳子。手部放在凳子上，指尖向前。双脚紧踩在地板上，臀部向前移，双臂支撑身体。上半身保持竖直、腹部收紧以保持平衡。

放松肩部肌肉使肩膀和肩胛带向上活动，拉伸5至10秒。胸部前的肌肉有轻微拉伸感时停止动作。放松肌肉5至10秒。

用肩胛带提起上半身5厘米的距离，以产生阻力。放松肌肉5至10秒。

上半身再度慢慢向下沉，以进一步拉伸，直至新的终止点。

重复2到3次。

常见错误

- 手臂微屈。
- 没有完全放松肩部。

说明

由于其他肌肉会抑制这一运动，因此斜方肌下部会过于紧绷，导致锁骨内部关节疼痛。在做本运动之前请先拉伸胸大肌。

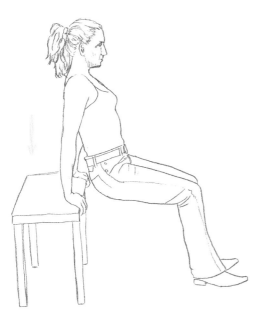

支撑的平面一定是固定的，手臂必须伸直。让身体慢慢下沉，使得肩部上升。

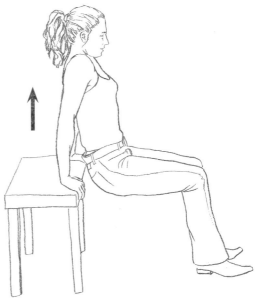

上半身向天花板方向上提约5厘米，以产生阻力。

中斜方肌和菱形肌（站姿版）

发力对于这一运动非常重要，因为位于肩胛骨之间的肌肉有可能紧绷得厉害。然而，有一个问题，要想正确地练习这一运动，必须能充分收紧腹部以保护腰背部不受伤。如果腰背部剧痛，就不会想继续练习这个运动了。这个运动的目的是用手臂将肩胛骨尽可能地往前面和侧面拉。

肌肉知识

斜方肌的中部位于肌肉系统的表面。从脊柱上的突起开始一直向肩胛骨远端的顶点延伸。菱形肌无论大小，都位于斜方肌的深层。从脊柱上的突起延伸至肩胛骨的内缘。这两种肌肉能有力地收拢肩胛骨，固定肩胛带。

肌肉紧绷的原因

不良姿势迫使这些肌肉静态地运动来保护脊柱和椎间盘韧带。

胸部肌肉缩短会加重这些肌肉的负担，超过肌肉的承受能力。

肌肉紧绷的症状

- 肩胛骨之间的位置疼痛。
- 疼痛向肩膀前部辐射。
- 肩胛骨之间麻木。

警告

如果腰背部或肩关节疼痛，请不要做这一运动。

动作要领

右腿跪立在固定的凳子或椅子上，左脚站立于地面。左腿微屈。右手与腿部交叉抓住椅子的左侧边缘。右手放在左膝前10厘米的位置，手指关节朝左。左手支撑在左大腿上。腹部保持收紧，头部向下垂。

抓住椅子不放，小心缓慢地伸展右侧髋关节和左膝关节站立起来。保持这一动作拉伸肌肉5至10秒。左手压低至大腿下方能进一步拉伸。继续拉伸，直至肩胛骨和右侧脊柱之间出现拉伸感或轻微刺痛时停止动作。放松肌肉5至10秒。

用手臂小心地将身体向椅子方向拉近。上半身保持静止，拉伸肌肉5至10秒。然后，放松肌肉5至10秒。

放在大腿位置的手发力，将身体朝站立的姿势向上推，做进一步拉伸，直至到达新的终止点。

重复2到3次。

常见错误

- 肩胛骨没有放松。
- 放在凳子上的手部位置过于靠前。
- 身体随着运动而转动 （背部应该是水平的）。

说明

有时这些肌肉太过紧绷、缩短过度，导致无法完成拉伸动作。深层组织按摩通常能够帮助解决这一问题。

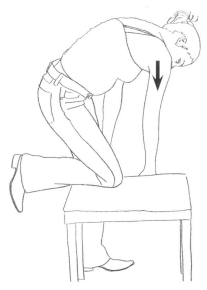

右手置于右膝前约10厘米的位置。左手和右膝发力推，不要忘记收紧腹部。

身体保持不动，将身体向凳子的方向往下拉，产生阻力。

中斜方肌和菱形肌（坐姿版）

这个运动能在凳子或地面上进行。如果柔韧性不够，这一运动是有一定难度的。遇到这种情况请练习上一个版本，因为上一个版本的动作要求你必须能够收紧腹部以保护腰背部。

警告

如果腰背部或肩关节有疼痛感，请不要做这个运动。

动作要领

坐在凳子上，右腿着地，左腿放在凳子上。左膝弯曲，直到右手能抓到左脚外侧。左手高于膝盖放在左大腿上。上半身向后靠，左手推大腿。肩胛骨和右侧脊柱之间有轻微刺痛感时停止动作。放松肌肉5至10秒。

小心地用右手将上半身向足部拉近，产生阻力，保持5至10秒。保持上半身不动。（拉伸右侧则将身体向右转。）放松肌肉5至10秒。

上半身向后靠，左手往前推，做进一步拉伸，直至到达新的终止点。

重复2到3次。

常见错误

- 背部没有挺直。
- 身体随着运动而转动。

说明

这些肌肉可能太过紧绷、缩短过度，导致无法完成拉伸动作。深层组织按摩通常能够帮助解决这一问题。如果背部出现疼痛，那就说明腹部收得不够紧。

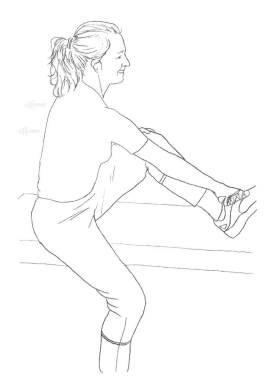

初始姿势时请尽最大努力坐直。上半身向后靠的同时左手推大腿。别忘了收紧腹部。

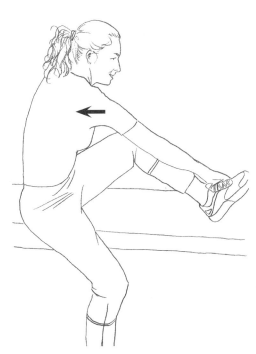

上臂保持不动，手臂和背部向后拉，以产生阻力。

背阔肌（站姿版）

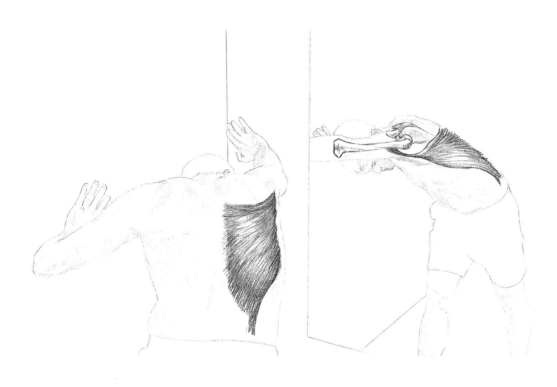

这一运动的技术动作较为复杂。一旦掌握了其中的要领，这个运动能拉伸到背部的整侧，直至腋下。如果主动地将身体弯曲成弓箭的形状，并最大限度地拉伸手臂和肩胛带，这个运动就会变得容易很多。

肌肉知识

背阔肌是非常靠近皮肤非常宽大的肌肉。它始于髂嵴（臀部）和脊柱，从浅层一直延伸至上臂内层深处。

背阔肌的功能是向后、向身体移动手臂，降低肩胛带，集中左右肩胛骨，向后方和两侧弯曲脊柱，并且在双臂举过头顶时增加背部的弓度。

肌肉紧绷的原因

由于多数主要的运动都是由手臂在头部以下位置完成，这一部位的肌肉通常就会因为缺乏运动而紧绷和缩短。虽然当手臂位于肩部下方时，这些肌肉紧绷造成肩关节活动受限的可能性很小，但是肌肉紧张会限制手臂高于肩部时的动作完成情况，例如越野滑雪、体操、攀岩和高尔夫。

肌肉紧绷的症状

- 手举过头顶后无法活动自如。
- 肩关节疼痛。
- 腰背部疼痛。

柔韧性测试

背靠墙站立，或者平躺在地面，手臂放在身体两侧。抬起手臂，手背尽量碰到墙面或地面。请始终保持手臂伸直，腰背部贴在墙面或地面上。

警告

拉伸过程中如果肩关节或腰背部出现疼痛，请停止这一运动。

动作要领

找一个门把手或类似的固定物体，位置必须与肚脐同高。站立于门把手前离门把手约一臂的距离。伸出右手抓住门把手，向侧面迈一步，让左肩比右肩离墙面更近一些。上半身向前倾，与手臂在同一平行线上。

现在的身体从侧面看呈现"V"形夹角。必须抓紧把手防止向后摔倒。

右腿向左后方伸展。从后面看，腿、躯干和手臂应该呈弓形。左手放在门或墙壁上，稍微靠近右手左侧。左臂微屈以便发力推。

左手将身体推离墙面，同时增加"弓形"的弯曲度，拉伸5至10秒，直至背部一侧出现轻微刺痛。放松肌肉5至10秒。

右手臂向侧面移动，产生阻力，坚持5至10秒。请勿放开把手或移动身体。放松身体5至10秒。

继续增加"弓形"的弯曲度，继续将身体推离门或墙面以进一步拉伸，直至到达新的终止点。

重复2到3次。

常见错误

- 站立时离门或把手的距离过远。
- 推墙或门的手臂的弯曲度不够，无法产生足够的推力。
- 肩关节没有打开（伸直）。

说明

如果做这一运动很困难，请找人帮你检查初始姿势是否正确。要加强拉伸效果，请抓住把手的底部。如果难以将身体推离门或墙面，请站在离墙更近的位置。

针对性拉伸

左脚请尽量向前迈，才能将身体向后推。左腿
与左手发力向后推。

身体保持不动，右手向右移，以产生阻力。

背阔肌（坐姿版）

这一运动非常适合柔韧性相当好的人群，也非常适合在办公室时做。做这一运动，初始姿势必须保持端正挺直的坐姿。习惯这一运动之前，请小心地、慢慢地练习，用一只手做支撑。如果急于求成，会有在拉伸中用力过猛的危险。

警告

拉伸中如果膝盖或背部出现疼痛，请停止这一运动。

动作要领

坐立于椅子上，身体右侧对着桌子。双脚分开一定距离紧踩在地面上。右脚踝放在左大腿上，右膝放在桌子下方。坐立时背部挺直，腹部收紧。右手臂举过头顶，上臂碰触耳部。手臂靠在头部和颈部。

上半身径直向左侧倾斜，拉伸5至10秒。身体向左上方伸展5至10秒。

抬起右膝抵住桌子，或者上半身尽量坐直，产生阻力，坚持5至10秒。也可以根据喜好双管齐下。放松肌肉5至10秒。

利用重力尽量向侧面倾斜身体，以进一步拉伸，直至到达新的终止点。

重复2到3次。

常见错误

- 为了坐直而过度收紧其他肌肉。
- 身体前倾而非侧倾。
- 手臂上举的高度不够高。

说明

这一运动在技术上有一定难度，需要反复练习才能正确掌握。脚步应紧贴地面，才能在练习时提供有效支撑。有时这一运动会先帮助拉伸腰方肌。

针对性拉伸

腿放在桌子下方，最大限度地抬高手臂。上半身向左侧倾斜，手臂向斜上方伸展。

小心地将膝盖抬起抵住桌子，或将上半身抬起约5厘米，以产生阻力。

冈下肌（版本1）

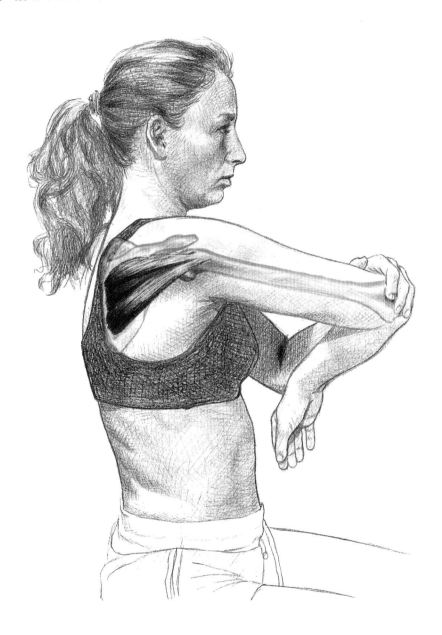

冈下肌是避免或减弱肩部区域疼痛最重要的肌肉之一。由于这块肌肉非常敏感，锻炼时请谨慎行事。即便无法感受到拉伸感，这一运动对冈下肌也是很有益处的。冈下肌负责向内旋转上臂，与此同时拉伸肩部外旋。要想从这一运动中获得期望的效果，在拉伸的过程中请勿抬高或降低手肘。同样重要的一点是，在产生阻力的过程中动作不能太大。

肌肉知识

冈下肌靠近皮肤，从肩胛骨延伸至上臂外侧。其主要功能是通过肩关节向外旋转手臂。同时，冈下肌能通过配合与微调肩关节的活动来稳固肩关节。

肌肉紧绷的原因

只要手臂有活动，冈下肌就会静态地工作。在电脑键盘上工作会造成冈下肌严重紧绷和缩短。在拉伸训练中也有可能使用过度，特别是在做卧推这样的推起运动时。包括在颈后推拉动作的运动也会导致冈下肌紧绷。

肌肉紧绷的症状

- 出现局部疼痛或整个肩胛骨区域疼痛。
- 肩膀前部刺痛。
- 疼痛辐射至手臂、前臂和手掌。

柔韧性测试

俯卧在地面上，或面朝墙站立。手臂置于身后，一只手指放在皮带或裤子的腰线上。俯卧时，手肘应该在重力的作用下与地面接触。站立时，手肘应该能够轻松向前移动碰触墙面。

警告

拉伸过程中如果肩膀前部出现疼痛，请停止这一运动。如果拉伸后出现疼痛，下次练习时请多加小心。

动作要领

这一运动可以通过坐姿或站姿完成。右手臂向前伸直，然后向胸口方向收回前臂，手肘呈90度夹角。左手抓住右手肘，左前臂重叠在右前臂之上。放松右手臂，左手臂发力保持住右手臂的姿势，肩部放松并下沉。

右手肘的位置保持不变，左前臂下压右手，拉伸肌肉5至10秒。放松肌肉5至10秒。

右手小心地向上抬起，与左前臂产生抗阻力，放松肌肉5至10秒。

右手和右手臂继续向下压，以进一步拉伸，直至到达新的终止点。

重复2到3次。

常见错误

- 肩部没有完全放松。
- 练习的动作太快。
- 过度紧绷肩关节周围的其他肌肉。

说明

冈下肌想要有较好的拉伸效果是有一定难度的。有时只能感受到肩膀前部的拉伸，而不是在整个肩胛骨区域。为了提高你对这块肌肉的感知度，在拉伸冈下肌之前请训练胸部和背部的肌肉来增加这一区域的血液循环。如果在这之后拉伸冈下肌对你而言还是有难度，请在拉伸之前尝试深层组织按摩。也可以通过用左手将手肘往前拉的方式，在扭转手臂之前打开肩关节。

右手臂完全放松，用左手臂抬起右手臂。左手肘下压向内旋转右手臂。

右手向上抬起，与左手肘产生抗阻力。

冈下肌（版本2）

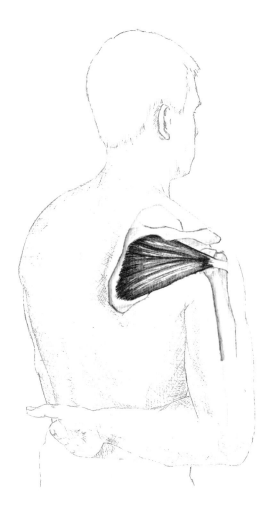

这一运动与被警察反手擒拿的动作很像，拉伸的力道对冈下肌而言较大。请小心认真地练习，根据自身体重可以算出肌肉的大小。请保持身体平衡，倾斜身体时注意利用重力产生的力量，不要额外发力。摆好初始姿势之后，运动的目标就是在向后移动身体的同时向前移动手肘。抗阻力（这种情况下通常由门框产生）应该作用在手肘背部。

警告

如果在拉伸过程中或拉伸完毕后肩部出现疼痛，请停止这一运动。

动作要领

站立于门口，一条腿在另一条腿之前。手伸向背后，一只手指钩住皮带或放在裤子的腰线上。手肘背部抵住门框。上半身小心地向后靠，直至肌肉有轻微的拉伸感或刺痛感，拉伸肌肉5至10秒。如果动作正确，手肘会向前移动。放松肌肉5至10秒。

身体向后靠、手肘向前移动以进一步拉伸，直至到达新的终止点。

重复2到3次。

常见错误

- 肩部没有完全放松。
- 肩关节周围的肌肉紧张。
- 手臂接触门框的部位过多。

说明

如果出现疼痛，或无法拉伸到冈下肌，手可以试着放在腰带靠近体侧的位置。确定只有手肘抵住门框，而不是整个手臂靠在门框上。

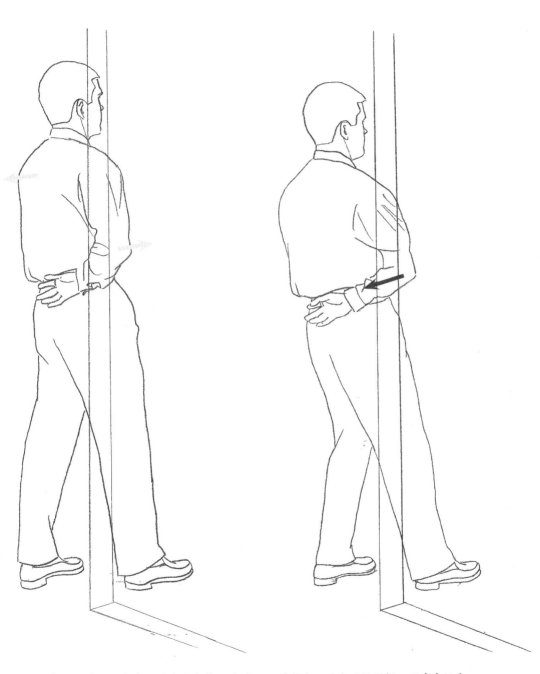

手肘放在门框前，上半身慢慢向后倾斜，手肘随之往前移动。

手肘小心地向后压门框，以产生阻力。

大圆肌

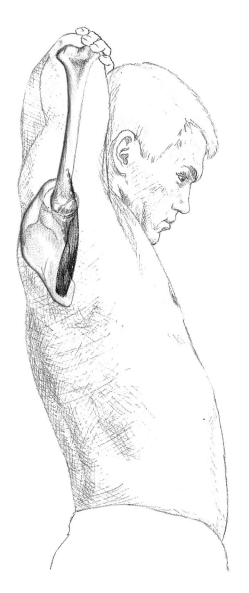

由于大圆肌在肩关节的作用与背阔肌相同，因此拉伸大圆肌的动作也与拉伸背阔肌的动作相同，详见52页和55页的相关内容。这一运动对大圆肌的针对性更强，因为运动中有肩胛骨顶出靠在墙面上的动作。

肌肉知识

大圆肌从肩胛骨底部三角形区域开始，延伸至上臂内侧的插入点，紧挨着背阔肌。大圆肌的功能是从不同的位置将手臂向身体前方或侧面移动，同时帮助向内旋转上臂。

肌肉紧绷的原因

长时间静态地工作会加重肌肉紧绷，但是这种肌肉紧张几乎不会对在肩部以下进行的动作造成阻碍，反而会严重影响手部完成高过头顶的动作。例如会影响越野滑雪、体操、攀岩和高尔夫球的动作。

肌肉紧绷的症状

- 疼痛辐射至手臂。
- 手臂和手指麻木。
- 手臂举过头顶时无法发力。

警告

如果肩部或颈部疼痛，请停止这一运动。

动作要领

身体右侧靠墙站立，脚离墙面约30厘米的距离。右手臂抬起高于头部，手肘弯曲至90度。身体右侧小心地靠向墙面，确保只有肩胛骨与墙面接触。左手抓住右手肘。

从脑后拉手肘，拉伸5至10秒，直至感到肩部下方或外侧有抗阻力或轻微刺痛。放松肌肉5至10秒。

小心地向墙壁的方向移动手肘，同时控制住左手的位置，产生抗阻力。放松肌肉5至10秒。

再次从脑后拉手肘以进一步拉伸，直至到达新的终止点。

重复2到3次。

常见错误

- 顶出肩胛骨时站立的位置离墙壁太近。
- 由于肩关节或相关肌肉僵硬，无法将手臂放在脑后。

说明

如果觉得这个运动很难，请先试着拉伸背阔肌和胸大肌。

右手臂放在脑后。另一只手向左侧拉手肘。右手肘抵住左手产生抗阻力。

肩胛骨向侧面顶出抵在墙面上，这一点非常重要。

冈上肌（版本1）

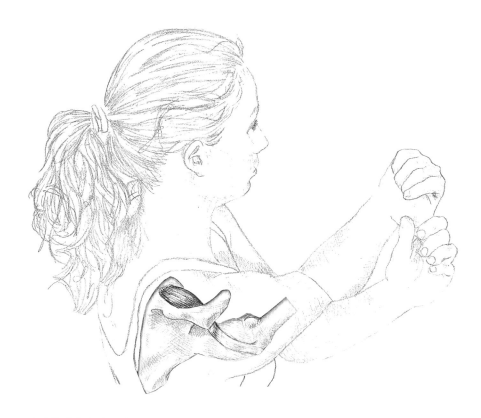

这一运动是最难度大的运动之一，不仅因为这块肌肉很难感受到拉伸，还因为手臂有可能过粗。如果遇到这两种情况，请直接跳过本节练习下一个运动。还有，你必须意识到所要拉伸的是一块较小的肌肉，不要大力拉伸。对初始姿势做一些微调，在拉伸过程中仔细地寻找自己适应的节奏。不要仅仅因为你无法立刻轻松自如地做动作就放弃练习。

肌肉知识

冈上肌是位于斜方肌中部下方体积相对较小的肌肉。从肩胛骨顶部，肩胛骨外部突出的下方一直连接至上臂外侧。冈上肌有一个非常重要的功能，就是肩关节带动肩部活动时，确保朝着肩胛骨方向拉住上臂。没有这个拉的动作，肩部周围的其他肌肉就无法正常工作。冈上肌还协助向外旋转手臂和抬起手臂向身体两侧伸展。

肌肉紧绷的原因

只要上臂有活动，冈上肌就处于工作状态。因此，它休息的时间很少。冈上肌还有可能因为在肩部以上位置重复运动而缩进或受伤。清洗窗户或涂刷天花板、墙壁的动作会导致这块肌肉出现问题。

肌肉紧绷的症状

- 肌肉局部疼痛以及肩部外侧局部疼痛。
- 手肘抬起高于肩部时出现局部疼痛。

疼痛从肩部和颈部蔓延至手臂和手掌时，局部冈上肌也参与其中。冈上肌还与手肘紧绷有关，手肘紧绷时，疼痛会出现在手肘外侧。

警告

如果肩部或腕部疼痛，请不要做这一运动。

动作要领

站立或坐立时都能做这个运动。右手臂放在身体前（呈扳手腕的姿势），手肘保持90度夹角。然后，手肘向身体中线移动，在上腹部太阳神经丛前方停止动作。左手臂放在右手臂下方，右手肘靠在左手肘正面。左手抓住右手大拇指。双臂现在呈交叉状态，右上臂竖直向上。放松肩部和手臂。

左手拉右手大拇指，让手臂向外旋转，小心地拉伸肌肉。

旋转手臂的同时手肘微伸。右肩有轻微拉伸感或刺痛感时停止动作。放松肌肉5至10秒。

手臂保持不动，试着向内旋转手臂（动作如同扳手腕）直至肌肉的刺痛感减弱，以产生抗阻力。放松肌肉5至10秒。

继续向外旋转手臂以进一步拉伸，直至到达新的终止点。

重复2到3次。

常见错误

- 手肘过度弯曲。
- 手肘没有放在太阳神经丛前面。
- 肩部和手臂没有放松。

说明

虽然不太能感觉到这块肌肉的活动，但是仍然可以拉伸到这块肌肉。如果由于柔韧性不佳或肌肉过大而无法完成拉伸动作，可以尝试以下练习。

确保在整个拉伸的过程中手肘始终位于身体正前方。小心地拉伸大拇指。

用左手与右手扳手腕的动作以产生抗阻力。

冈上肌（版本2）

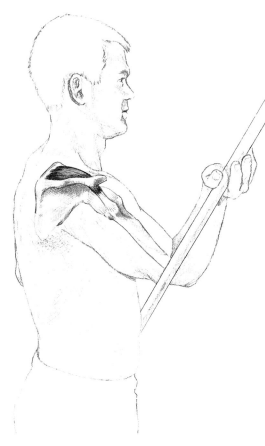

对于那些由于柔韧性不住或由于伤病而无法进行前一个拉伸练习的人群来说，这一运动是非常好的选择。运动的本质是相同的，只不过借助一根小棍子作为支撑。记住，杠杆会增加力度，因此要重视你自身的感觉，小心地进行拉伸。

警告

如果手腕部或肩部疼痛，请不要做这一运动。

动作要领

右手臂放在体前（呈扳手腕状），手肘形成90度夹角。接着，手肘向身体中线移动，停留在心窝位置。手臂转向前方，用大拇指和食指抓住一根小棍子。棍子沿右手臂外侧垂下。

左手臂放在右手臂下方并抓住棍子，朝着左臀部的方向向上拉起棍子，直至整个肩部出现拉伸感。放松肩部和手臂5至10秒。

手臂保持不动，试着向内旋转手臂（如扳手腕的姿势）以产生抗阻力，直至肌肉刺痛减弱。放松肌肉5至10秒。

继续向上拉棍子以进一步拉伸，直至到达新的终止点。

重复2到3次。

常见错误

• 肩部和手臂没有放松。
• 手肘没有放在心窝前方。
• 肩关节周围的肌肉缺乏柔韧性。

说明

如果没有棍子，请用毛巾代替。

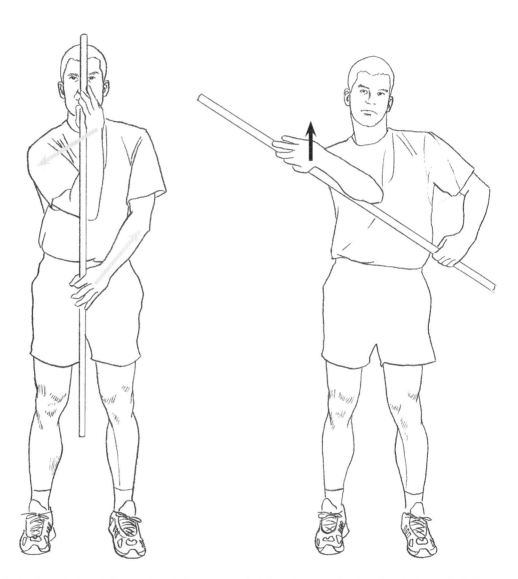

请将手肘保持在身体正中央，肚脐正上方。小心地向侧面拉棍子。

左手握住棍子保持棍子不动，右手臂以扳手腕的动作向上抬起以产生抗阻力。

臀大肌

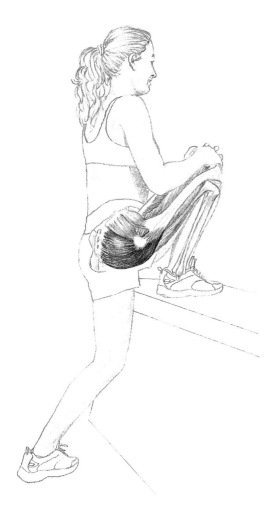

对于动作幅度正常的人来说，臀大肌是没有什么拉伸感的。然而，如果柔韧性不佳，在拉伸臀部其他肌肉如梨状肌、臀中肌之前拉伸臀大肌，是很好的选择。

肌肉知识

臀大肌是身体最大的肌肉之一。它位于表层肌肉下方，起于尾骨和髂嵴，连接至股骨顶部的外侧。臀大肌的功能是伸展髋关节，向外旋转腿部，以及减小背部的弓度。

肌肉紧绷的原因

臀大肌的上部比下部更容易紧绷。长时间双腿外扭地坐着，比如开车时，会导致肌肉紧绷。深蹲运动也能激活臀大肌。从事跑步、滑冰、滑雪等项目的运动员常常受到影响。

肌肉紧绷的症状

- 背部或腿部后部或外侧出现疼痛。
- 身体无法前屈。

柔韧性测试

躺在地上，膝盖弯曲，朝胸口方向向上抬起膝盖。腿应该能与地面形成120度的夹角。

警告

如果膝盖疼痛，请不要做这一运动。

动作要领

站立于一把坚固的椅子或凳子之前。柔韧性越好，椅子或凳子的高度就应该越高。右脚踩在椅子或凳子上。尽量保持背部挺直，腹部收紧。

弯曲左腿，拉伸肌肉5至10秒，直至整个右臀部出现拉伸感。放松肌肉5至10秒。

前腿往下踩压5至10秒，以产生抗阻力。

继续弯曲左腿以进一步拉伸，直至到达新的终止点。

重复2到3次。

常见错误

- 前腿放置的位置过低。
- 背部没有挺直。
- 拉伸过程中膝盖向外扭转。

说明

如果臀大肌柔韧性非常好，有时的确难以感受到拉伸。若是如此，请拉伸梨状肌和臀中肌。

请根据柔韧程度调整椅子或凳子的高度。保持背部挺直，同时有所控制地弯曲左膝。

右脚踩压椅子或凳子以产生抗阻力。

臀中肌和臀小肌

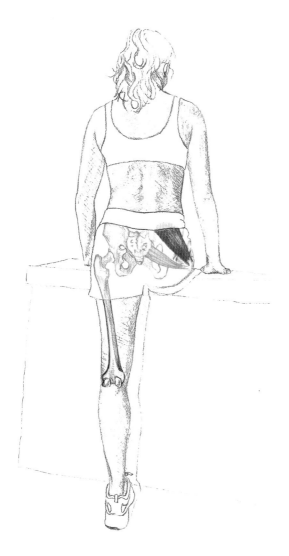

我们步行或跑步时这些肌肉会持续工作，这就意味着它们需要经常拉伸。由于它们负责向后扭转臀部，减小背部的弓度，因此，应当通过这一运动增加背部的弓度以达到拉伸的效果。如果腹部收紧，这些肌肉会对背部产生负面影响。

肌肉知识

臀中肌和臀小肌呈层状，臀中肌整个覆盖在臀小肌之上。它们位于髋骨外侧，向下延伸至髋骨顶端外侧的隆起上。臀中肌和臀小肌的主要功能是保持骨盆竖直，特别是在走路、跑步和单脚站立的时候。它们还帮助向体侧伸腿，向内、向外扭转腿部。

肌肉紧绷的原因

大多数人喜欢使用身体的某一侧，臀部就会向这一侧倾斜，更靠向这一侧。这种习惯使得常用一侧产生静态拉伸。有时，双腿长度不同也会导致臀部向一侧突出。较短的腿通常承担更多的身体重量。伤病也会促使人们把更多的重量附加在某一条腿上。

肌肉紧绷的症状

- 肌肉和背部局部疼痛。
- 疼痛向下辐射至腿部（假性坐骨神经痛）。

警告

如果膝盖内侧或外侧疼痛，请不要做这一运动。

动作要领

找一个与腹股沟同高的平面，如桌面或其他平面。

右脚放在桌面上，右膝正对着肚脐，右脚朝着左臀部的左侧方向平放。调整骨盆面向正前方。

想象一下，脚以骨盆为基础形成一个三角形。收紧腹部，腰背部试着向下压，以增加腰背部的拱度。记住务必保持支撑腿伸直。

保持腰背部的拱度，上半身慢慢前向倾斜，拉伸5至10秒。右臀部有拉伸感或轻微刺痛感时停止动作。放松肌肉5至10秒。

膝盖向下压桌面，以产生抗阻力，坚持5至10秒。放松肌肉5至10秒。

保持腰背部的拱度，上半身再次向前倾斜以进一步拉伸，直至到达新的终止点。

重复2到3次。

常见错误

- 没有保持腰背部的拱度。
- 膝盖没有固定在肚脐正前方。

说明

如果无法保持身体竖直，请将手指放在桌面上支撑身体。

如果腹股沟被拉伸的一侧出现疼痛，则略微将膝盖向外侧移动。如果无法保持腰背部的拱度，说明肌肉太过紧绷，或者腿部放置的平面过高。

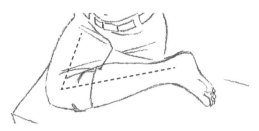

膝盖应放在肚脐的正前方

右腿放置的平面应与腹股沟同高，以确保臀部与平面保持平行。同时记住上半身前倾时收紧腹部、完全挺直背部。

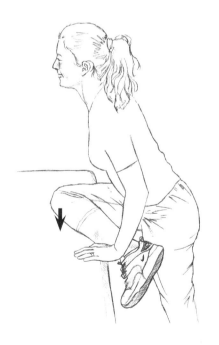

右膝盖发力压桌面以产生抗阻力。

梨状肌（站姿版）

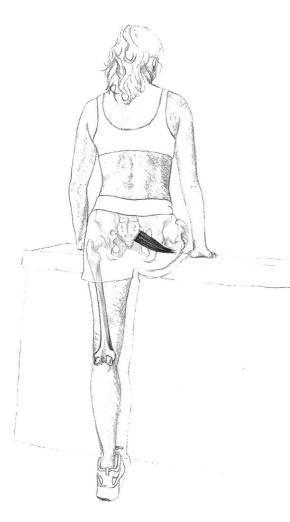

梨状肌是每个人每天都必须拉伸的肌肉。这块肌肉会导致背部和腿部疼痛。由于其所处位置特殊，坐骨神经偶尔会刺入梨状肌。如果这块肌肉紧绷，会直接压迫神经，造成局部疼痛，或者将疼痛辐射至腿部（假性坐骨神经痛）。

肌肉知识

　　梨状肌位于臀大肌内面，属于影响髋关节活动的深层肌肉。它从骶骨前部一直延伸到股骨顶部的突起（或称大转子）上。梨状肌的主要功能是髋关节舒展（站立）时向外旋转腿部。髋关节弯曲超过60度时，这块肌肉则会导致内旋。

肌肉紧绷的原因

　　短期内或长期久坐都会使梨状肌紧绷或缩短。请回想一下这些年你坐了多久！坐立时双脚分开较宽间距会导致臀部外旋，从而加深对这块肌肉的影响。梨状肌也深受其拮抗肌的影响，例如髋部屈肌在梨状肌紧绷时会增加梨状肌的负担。髋部屈肌还会向外旋转腿部，导致梨状肌被动缩短。

柔韧性测试

测试1

　　面朝下俯卧，双膝并拢，一条腿弯曲成90度角。小腿向外侧倾斜，保持相对侧的臀部碰触地面。此时小腿与地面的夹角应在45至50度之间。两条腿的活动范围应该相同。

测试2

　　坐立于椅子上双腿并拢、背部挺直。一条腿放在另一条腿的膝盖上，脚跟指向腹股沟，抬高的腿膝盖向外侧倾斜。此时小腿应该是水平的。

　　另一条腿重复以上动作并比较两条腿的活动范围。在测试中注意应坐在同一位置。

肌肉紧绷的症状

- 臀部出现局部疼痛。
- 麻木或疼痛从大腿后侧一直延伸至膝盖后侧。
- 背部疼痛。
- 膝盖外侧疼痛，或称为跑步膝。

警告

如果膝盖内侧或外侧出现疼痛，或者腹股沟区域在拉伸过程中出现不适，请不要做这一运动。

动作要领

利用与你腹股沟同高的平面。根据身高，可以使用餐桌、橱柜台或靠着门打开的烫衣板。抬起右腿，右膝放在右臀的正前方。右膝弯曲90度。大腿和骨盆之间也应形成直角。

完成上述动作后，骨盆和腿应该形成一个开放的方形。确保支撑腿竖直。

现在，请最大限度地增加下腰背的拱度，保持腹部收紧。

你已经做好了正确的初始姿势。

上半身小心地向前倾斜，保持下腰背的拱度，直至肌肉出现轻微刺痛感，拉伸肌肉5至10秒。放松肌肉5至10秒。

脚和膝盖小心地向下压5至10秒，以产生抗阻力。在这一过程中刺痛感应该会消失。如果刺痛感没有消失，说明你拉伸过度了。放松肌肉5至10秒。

上半身继续向前倾斜以进一步拉伸，直至肌肉再次出现轻微刺痛感。此时到达新的终止点。

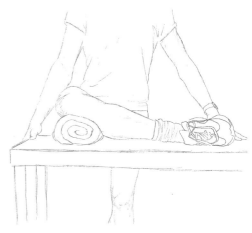

如果膝盖无法碰到平面，请卷起毛巾垫在膝盖下方。

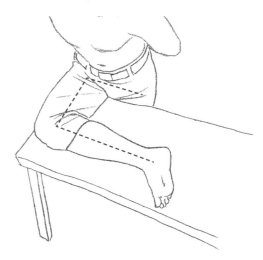

膝盖应该呈直角，臀部、大腿和小腿应该形成一个开放式的方形。

针对性拉伸

常见错误

- 腿部没有与腹股沟对齐。
- 膝盖过度弯曲。
- 背部的拱度不够。
- 骨盆的位置偏移。

说明

　　如果腹股沟疼痛，请微微向外侧移动膝盖。如果膝盖出现疼痛，请在膝盖下放置一个垫子借力支撑。如果无法保持各个部位对齐，说明你选择的平面过高或过低。如果这一运动难度太大，在继续练习之前请先拉伸臀大肌和臀中肌。还可以尝试坐姿版的运动。如果难以保持身体正直，请用双手扶住平面。

上半身向前倾斜的同时保持腰背部的拱度。用手指支撑身体。别忘了收紧腹部。

右膝向下压支撑平面，以产生抗阻力。

梨状肌（坐姿版）

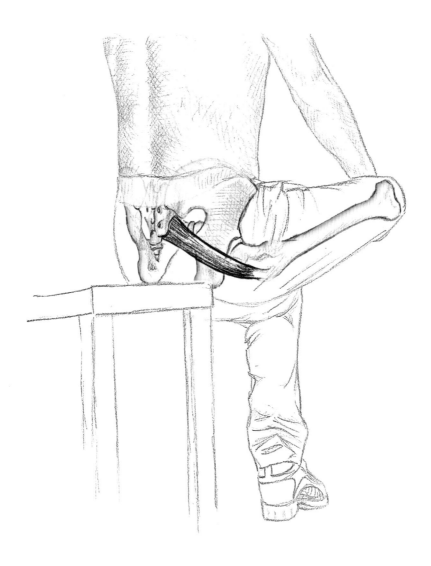

如果无法完成站姿版的动作，这一运动能帮到你。也许是因为肌肉过于紧绷，导致无法找到正确的初始姿势。虽然站姿版的拉伸效果更好，但练习这个版本会让你更舒服。

坐姿版拉伸有两种方案。如果肌肉确实紧绷，请尝试方案2，使其能够逐步地下压膝盖。如果柔韧性稍微好一些，小腿能够水平放置，请尝试方案1，它是采取上半身前倾的方法拉伸。

针对性拉伸

动作要领

这一运动的初始姿势与72页柔韧性测试2的动作相同。坐立于椅子上，双脚并拢背部挺直。右腿放在左腿上，右脚外侧置于左腿膝盖上方位置。端坐在椅子上，收紧腹部，腰背部尽量向前拱。一只手放在膝盖上向下压并固定住膝盖。

向前倾斜上半身，或向地板方向下压膝盖，拉伸肌肉5至10秒，直至肌肉出现轻微刺痛感。放松肌肉5至10秒。

膝盖抵住手掌小心向上抬，以产生抗阻力，保持5至10秒。或者可以试着向大腿的方向按压腿部以产生抗阻力并保持5至10秒。放松肌肉5至10秒。

拉伸时可以采用上述身前倾或手下压膝盖的方法，直至肌肉再次出现拉伸感。此时到达新的终止点。

重复2到3次。

保持初始姿势，尽量坐直并轻轻下压膝盖。保持腰背部的拱度，上半身向前倾斜。

右膝盖抵住手掌向上抬起，以产生抗阻力。

常见错误

- 过于费力地保持身体竖直。
- 在运动过程中过度费力地增加和保持腰背部的拱度。
- 脚没有架在大腿上，将压力上移至小腿上。
- 由于其他部位的肌肉紧绷，导致初始姿势不正确。

说明

如果难以达到较好的肌肉拉伸效果，请尝试72页的站姿版。如果肌肉过于紧绷，两种版本都无法完成的话，可以考虑进行深层组织按摩，或请推拿理疗师或物理治疗师帮助你拉伸。

背部挺直腹部收紧坐立。小心地朝地板方向向下按压膝盖。

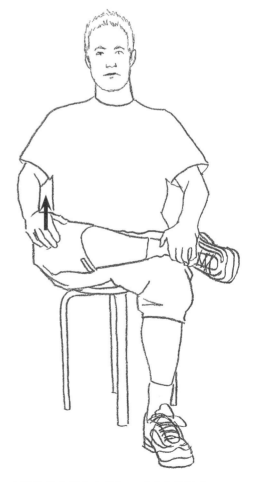

右膝抵住手掌向上抬起，以产生抗阻力。

腰方肌（卧姿版）

这一运动的力度较大，需要手臂进行一定程度的拉伸和良好的身体控制能力，如果在运动过程中身体无法保持在一条直线上，那么就无法达到有价值的拉伸效果。如果可以的话你可以在地板上划线或画标记来标出正确的初始姿势。刚开始时以躺在沙滩上的姿势拉伸可能有些困难，但是用左手辅助拉伸会对你有所帮助。

记住，这一运动的力度较大，开始练习时请小心谨慎以防止受伤。

肌肉知识

腰方肌位于腰背部深处，脊柱两侧长直肌下方。它从髋骨顶部边缘和腰椎开始，连接至最底部的肋骨。腰方肌负责向后、向两侧弯曲背部，负责扭转上半身和向前拱腰。

肌肉紧绷的原因

如果经常侧躺在过于柔软的床上睡觉，对着天花板一侧的腰方肌就会紧绷或缩短。

双腿长短不一也会给上半身肌肉增加额外负担，使得腰方肌不得不在你站立或走路时持续地静态工作。

肌肉紧绷的症状

- 腰背部疼痛。
- 大力吸气时腰背部疼痛。

警告

如果腰背部或肩部在拉伸过程中出现疼痛，请不要做这一运动。

动作要领

身体右侧侧卧，前臂支撑身体，呈沙滩卧姿。保持身体挺直。弯曲左腿，尽量向身体上方提起，位于下方的腿保持不动。如果位于下方的腿和上半身依然在同一直线上，说明你完成了正确的初始姿势。

右手撑地放在右手肘之前所处的位置，拉伸5至10秒。慢慢地伸直手臂。可以用左手帮助身体保持平衡。右侧腰部出现轻微刺痛感或拉伸感时停止动作。放松肌肉5至10秒。

位于下方的腿发力压地板，以产生抗阻力，保持5至10秒。

继续伸直手臂或者手臂移动至更靠近臀部的位置，进一步拉伸，直至到达新的终止点。

重复2到3次。

常见错误

- 初始姿势改变导致臀部与身体其他部位不再处于同一直线上。
- 膝盖上提高度不够。
- 上半身向前弯曲，从而拉伸腹斜肌而非腰方肌。

说明

如果手腕原本就疼痛，请扭转手掌让手指指向外侧。如果手臂无法支撑起身体，请尝试将前臂放在更高一些的平面上。可以用几个枕头或几本电话簿垫高手臂。

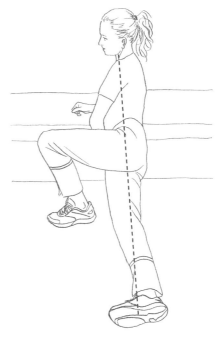

如果伸直手臂时无法撑起身体，请将前臂放在更高一些的平面上。

确保上半身与腿部在同一条直线上。

针对性拉伸

在整个过程中请保持左膝上提以保护背部。放下左手并小心地伸直手臂。

右脚下压地面以产生抗阻力。

腰方肌（坐姿版）

这一运动是卧姿版的改良版。但是它要求较好的柔韧性和平衡性。在工作中坐着也能进行这一运动。如果腹股沟部位肌肉有问题，需要格外注意。确保收紧腹部。

警告

如果平衡性不佳，或者腹股沟或膝盖疼痛，请不要做这一运动。

动作要领

这一运动的初始姿势与72页中梨状肌柔韧性测试2相同。坐立于椅子上，双脚并拢、背部挺直。右脚放在左腿上，右脚踝外侧放在左大腿膝盖上方的位置。右膝放在桌面下，保持右膝固定且无法向上抬。接着，右手放在左肩上。

上半身小心地向左侧倾斜，拉伸5至10秒。继续向左倾斜直至肌肉出现轻微刺痛感。放松肌肉5至10秒。

右膝小心地顶住桌面向上抬起以产生抗阻力，坚持5至10秒。此时也可以试着小心地抬起上半身约1厘米的距离。放松肌肉5至10秒。

继续向侧面倾斜上半身，以进一步拉伸，直至到达新的终止点。

重复2到3次。

常见错误

- 身体过度向前倾斜。
- 臀肌过于收紧，导致无法坐正坐直。

说明

如果无法完成拉伸动作，请在拉伸右侧肌肉时试着微微向右侧扭转上半身。如果膝盖疼痛，请在膝盖和桌面之间垫一些软的东西。如果对自己的平衡性没有把握，请在身边放一张椅子，可以靠在椅子上。

针对性拉伸

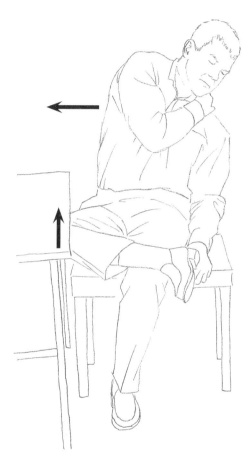

右膝放在桌面下，上半身尽量向上挺。略微向右扭转身体，然后向侧面倾斜。

膝盖小心地抵住桌面下方向上抬起，或上半身向上抬起5厘米以产生抗阻力。

髂腰肌（髋部屈肌）

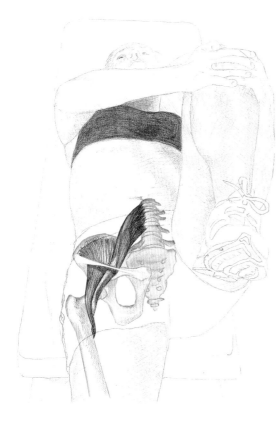

髋部屈肌是导致腰背部问题的罪魁祸首。它们有足够的力量和位置优势产生负面作用。只要长时间坐着工作，这些肌肉就会缩短。缩短的肌肉最终导致站立或走路时腰背部出现疼痛。拉伸这些肌肉的运动有很多，但安全有效的方法少之又少。如果你不小心犯了错误，则会加剧疼痛。

肌肉知识

髂腰肌位于肌肉系统的深处，始于下腰椎和髋骨的前侧。它们从耻骨前侧向下延伸，连接至股骨上端内侧。髂腰肌的功能是收缩和向内旋转髋关节，也负责腰背部向前拱。

肌肉紧绷的原因

任何长时间收缩臀部的活动，比如久坐，都会造成髂腰肌缩短。髋部屈肌静态地工作，例如以不正确的姿势做仰卧起坐，也会增加肌肉的紧绷度。

肌肉紧绷的症状

- 腰背部出现疼痛。
- 腹股沟或大腿内侧疼痛。

柔韧性测试

双膝弯曲平躺，向胸腔方向抬起膝盖。抓住一只膝盖继续往胸腔方向拉，小心地伸直另一条腿并放在地板上。伸直腿的脚不要向两侧偏倒。

警告

如果在拉伸的过程中腹股沟或弯曲腿出现挤压痛，或者腰背部出现疼痛，请不要做这一运动。

动作要领

坐在一张稳固的桌子或长凳上。背部平躺在桌面上，双手朝胸腔方向拉起双腿。此时，整个腰背部应紧贴于平面。双手抓住左膝，小心地伸直右腿直至右腿自然悬空。如果依然朝胸腔方向拉左膝，并且腰背部紧贴桌面，那么这就是正确的起始点。

放松悬空腿拉伸5至10秒。让腿自然垂下5至10秒。想要加强拉伸效果，可以在悬空腿上加一些重量，比如挂一个装了几本书的背包。也可以主动下压腿部模拟负重状态。然后放松肌肉5至10秒。

右腿朝天花板方向抬起，以产生抗阻力，保持5至10秒。

继续放松悬空腿以进一步拉伸，直至到达新的终止点。腿部自然垂下10至20秒。

重复2到3次。

常见错误

- 身体躺的位置离桌缘太远，限制了悬空腿的活动。
- 身体躺的位置离桌缘太近，导致腰背部的拱度增加。
- 腿部向胸腔方向上提的距离不够。

说明

如果腰背部出现疼痛，请再次检查初始姿势是否正确。最常见的错误是腿部没有抵住胸腔，导致腰背部无法贴在桌面。

有时找到合适的位置进行这一拉伸有一定难度。餐桌则非常适合。为保证桌面牢固，确保你躺在桌子的对角线位置，而不是桌子边缘。

为了加强拉伸效果，可以在腿上挂一个重物或背包。请躺在桌子的对角线上以减小桌子翻倒的危险。

为了保护背部，必须向胸部方向上提左腿。请始终保持腰背部贴紧桌面。左腿保持不动，右腿慢慢地放下并放松。

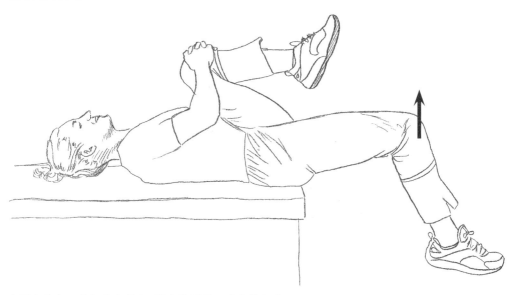

右腿向上朝天花板方向抬起5厘米的距离以产生抗阻力。

股直肌（卧姿版）

股直肌是构成大腿前侧肌肉群的4块肌肉之一。它是4块肌肉中唯一一块连接膝关节和髋关节的肌肉。因此，股直肌很特别，因为它能影响腰背部、臀部和膝关节。

拉伸大腿前侧有许多动作都是错误的。这些动作会让人们认为他们股直肌的柔韧性比实际情况更好。最不正确的动作就是站着将脚跟往臀部方向拉。

做以下运动，你需要一把长凳和一根绳子。如果地板较滑，穿一双有支撑功能的鞋会让你受益良多。

肌肉知识

股直肌始于臀部前端，延伸至髋关节和膝关节，与小腿前侧顶部相连，在髌腱处与股四头肌的其他三块肌肉连接。在这一运动中同样也拉伸了其他三块肌肉；但是，对于健康而言，其他三块肌肉的重要性不能与股直肌相提并论。

股直肌负责伸展和弯曲膝关节，还负责向前拱腰。

肌肉紧绷的原因

日常坐立或过多地进行由股直肌主要参与的活动，如跑步、踢足球、打曲棍球和骑自行车等运动，都会造成股直肌缩短。

肌肉紧绷的症状

- 腰背部疼痛。
- 膝盖骨周围疼痛。

柔韧性测试

俯卧在地面上额头碰触地面。确保并拢双膝、收紧腹部。双膝慢慢地弯曲，保持双膝并拢。在臀部不离开地面的前提下，膝盖应该能够弯曲大约110度。也可以请一位搭档监督你在达到110度之前是否弓腰。

警告

拉伸过程中如果腰背部或膝盖出现疼痛，请停止这一运动。

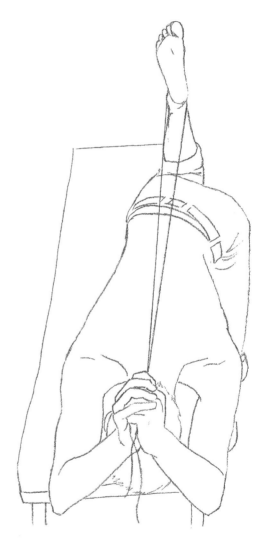

确保你正对着臀部的方向拉膝盖。

动作要领

找一个稳固的平面。平面的高度取决于身高和柔韧性。需要注意的最重要的问题是在运动过程中无论何时都不要弓腰。双手前臂抬起从右肩处拉住用一条绳子套住的右脚。左脚向前踩地，身体趴在长凳的平面上。确保整个左脚都踩在地板上，腰背部完全挺直。

将放在长凳上的右腿微微向左侧倾斜。只要右膝还在平面上，脚就可以在长凳上方活动。如果正确地完成这部分动作，身体应该呈弓形，这样拉伸会更加有效。双手举过头顶抓住绳子两端。

小心地伸直手臂带动绳子拉小腿，拉伸肌肉5至10秒。当大腿前侧出现拉伸感时停止拉动绳子。放松肌肉5至10秒。

稳稳地抓住绳子，在努力伸直右膝的同时右膝向下压长凳表面，保持5至10秒以产生抗阻力。放松5至10秒。

左腿应尽量向前放以防止任何弓腰的可能性。平面的高度取决于柔韧性和身高。左脚扎实地踩在地上，收紧腹部，小心地拉动绳子。

继续在头部上方伸直手臂以进一步拉伸，直至到达新的终止点。

重复2到3次。

常见错误

- 凳子的高度过高。
- 左脚向前迈的幅度不够。
- 绳子的长度过短。

说明

凳子过高会造成弓腰，从而导致无效拉伸。如果绳子过短，你将无法在头部上方抓住它，结果导致手臂被往后拉。如果没有长绳子，可以使用披肩、围巾，或将几条腰带绑在一起使用。

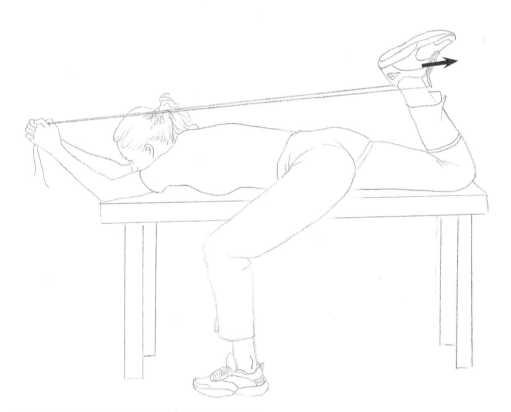

伸直腿部的同时右膝向下压凳子表面以产生抗阻力。

股直肌（跪姿版）

如果腿部肌群过于紧绷，无法完成前一个运动，请尝试本运动。在这种情况下，你必须考虑一个问题，那就是两个关节是共同作用共同工作的（膝关节和髋关节）。整个运动过程中髋关节必须打开且竖直。收紧腹部防止向前弓腰。

警告

如果膝盖骨周围有伤病，请不要做这一运动。

动作要领

背对着墙双膝跪地，脚趾应碰到墙面。左腿向前迈一步，左脚整个脚面踩地，左小腿与地面垂直。上半身向前倾斜，靠在左大腿上。右膝盖向后朝墙壁方向滑动，右脚沿墙面向上并靠在墙上。右膝弯曲至90度时停止动作。你现在的姿势就是正确的初始姿势。

小心地伸直手臂，让上半身和大腿靠近墙壁移动，拉伸肌肉5至10秒。大腿前侧出现轻微刺痛感时停止动作。放松肌肉5至10秒。

脚抵住墙壁，右膝小心地下压地面以产生抗阻力，保持5至10秒。放松肌肉5至10秒。

继续伸直手臂以进一步拉伸，直至到达新的终止点。你也可以将右膝往更靠近墙面的位置滑动。

重复2到3次。

常见错误

- 腹部没有收紧，出现弓腰现象。
- 收缩髋关节，从而减弱拉伸效果。
- 膝盖离墙面太近，造成力度过大，背部无法挺直。
- 初始姿势膝关节的弯曲度不够。
- 后腿从墙面滑落倒向一侧。

说明

如果背部在做这一运动期间或之后出现疼痛，请先练习前一运动一段时间。如果膝盖疼痛，可以在地面上垫一个枕头。

大腿和躯干应该在同一条直线上。请收紧腹部、伸展手臂。请不要弓背或弯曲臀部。

小心地伸直腿部以产生抗阻力。

阔筋膜张肌

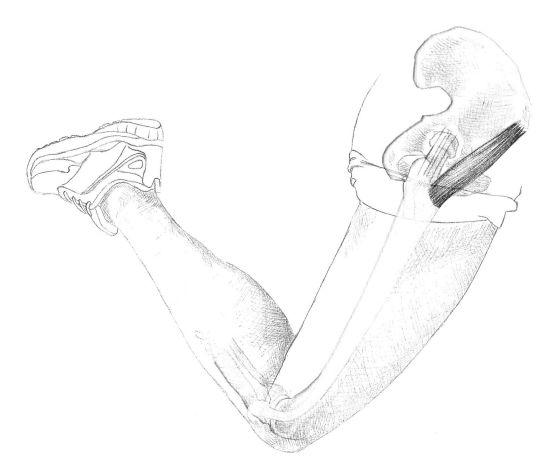

这一运动与拉伸股直肌跪姿版的动作类似。但是，在这一运动中，上半身和腿部之间应形成弓形。记住保持腹部收紧以避免弓腰或弯曲臀部。

肌肉知识

　　阔筋膜张肌起于臀部外侧的前部，一直向下延伸，形成强有力的肌腱与大腿外侧相连。这一肌腱就是胫韧带。胫韧带继续向下沿着膝盖外侧连接至胫骨上端。阔筋膜张肌负责收缩臀部，向身体两侧伸腿。由于其肌腱与膝盖下方相连，因此阔筋膜张肌也帮助伸直膝盖。

肌肉紧绷的原因

　　久坐、跑步、攀岩和骑自行车都会造成这一肌肉缩短。

肌肉紧绷的症状

- 臀部（弹响髋）和大腿外侧疼痛。
- 膝盖外侧（跑步膝）和膝盖骨周围疼痛。
- 腰背部疼痛。

警告

在拉伸过程中，如果腰背部或膝盖出现疼痛，请停止练习。

动作要领

初始动作与拉伸股直肌的初始动作类似。但是，在这一运动中上半身和腿需要形成弓形。背对着墙双膝跪地，脚趾碰触墙面。左腿向前迈一步，左脚整个脚面踩地，左小腿与地面垂直。上半身向前倾斜，靠在左大腿上。右膝向后朝墙面方向滑动，右脚沿墙面向上并靠在墙上。膝盖弯曲至90度时停止动作。

接下来，右脚沿墙面向左侧滑动约30厘米的距离。收紧腹部，双手放在左膝上。上半身微微向左倾斜，与腿部形成弓形。此时你已经做好了初始姿势。

慢慢地伸直手臂拉伸5至10秒。请不要弓腰或弯曲臀部。继续拉伸直至大腿外侧出现刺痛感。放松肌肉5至10秒。

右脚抵住墙壁，右膝小心地下压地面以产生抗阻力。放松肌肉5至10秒。

继续伸直手臂以进一步拉伸，同时注意不要弓腰或弯曲臀部，直至到达新的终止点。

重复2到3次。

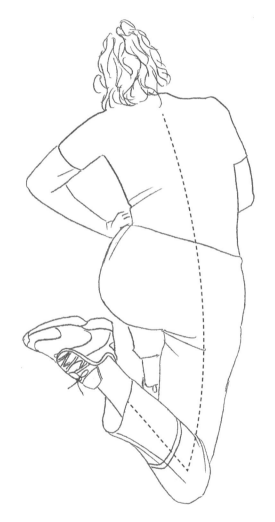

上半身和腿部应形成弓形，小腿向内侧弯曲呈一定角度。

针对性拉伸

常见错误

- 出现弓腰，没有将腿部和上半身保持在一条直线上。
- 臀部弯曲，导致缩短肌肉，而非拉伸肌肉。
- 腿部和上半身没有形成弓形，初始姿势不正确。
- 膝盖弯曲度不够。

说明

　　如果肌肉没有拉伸感，可能是膝盖的位置离墙壁过远。请在初始姿势时减小膝盖弯曲的角度。

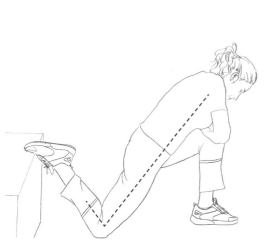

大腿和躯干应该在同一条直线上。收紧腹部并伸直手臂。请不要弓腰或弯曲臀部。

小心地伸直腿部以产生抗阻力。

股后肌群

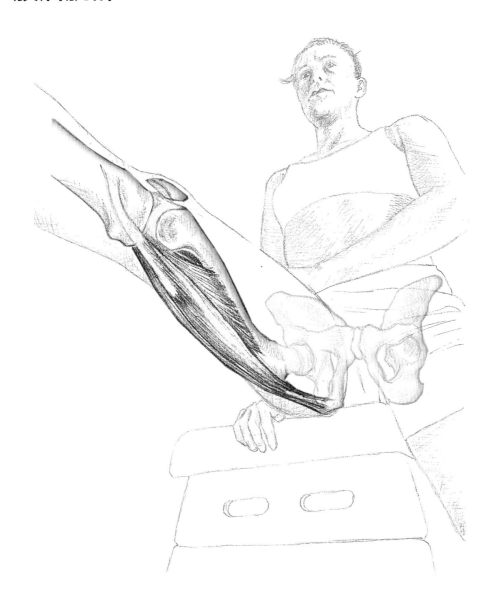

大腿后部肌群想要达到良好的拉伸效果，就必须达到两个条件。首先，必须向前弓腰达到一定程度。如果弯曲腰背部，肌肉拉伸的效果就会减弱。其次，脚不能放在凳子上，而是应该放在凳子边缘外侧。如果脚放在凳子上，可能会受到小腿灵活度的限制。

为了进一步加强小腿的锻炼，要绷直脚尖。记住，放在凳子下的腿是用来帮助你增加弓腰弧度的，从而加强股后肌群的拉伸。

要确保左腿尽可能向后伸。

肌肉知识

大腿后侧的肌肉主要包括4块独立的肌肉。其中3块起始于臀部的坐骨，一块起始于股骨后侧。4块肌肉都与小腿上端相连。股后肌群的功能是收缩膝关节，伸展臀部，向后翘起臀部，减小腰背部的弓度。

肌肉紧绷的原因

如果久坐或总体上运动量过小，股后肌群就会缩短。跑步、滑雪、足球、曲棍球等体育运动也会造成股后肌群缩短。

肌肉紧绷的症状

- 腰背部疼痛。
- 身体无法向前弯曲。
- 走路或跑步时的步伐太小。
肌肉紧绷会增加大腿后侧痉挛的危险。

柔韧性测试

躺在地面上，保持双腿完全伸直。向天花板方向抬起一条腿直至与地面垂直。臀部应该能够形成一个90度的夹角。

警告

在拉伸的过程中如果背部或膝盖骨周围出现疼痛，或是只有跟腱出现拉伸感，请不要做这一运动。

动作要领

坐在凳子或类似的平面上。借助两把没有扶手的椅子也能完成这一运动。

保持坐立并将整条右腿放在平面上。右脚务必放在凳子边缘的外侧。一只手放在右膝下方，确保右腿微微弯曲。左脚尽可能向后伸（一直往后伸，直至大腿前侧出现拉伸感）。确保左脚稳稳地踩在地面上。

上半身挺直坐立，收紧腹部，主动地向前弓腰。可以用手扶住凳子。

你现在的姿势就是初始姿势。

上半身慢慢向前、向下移动拉伸股后肌群，直至大腿后侧出现轻微刺痛感。放松肌肉5至10秒。

右腿小心地向下压凳子以产生抗阻力，坚持5至10秒。放松肌肉5至10秒。

上半身继续向前、向下移动以进一步拉伸，直至到达新的终止点。

重复2到3次。

常见错误

- 向前、向下拉伸时弯曲背部，而不是弯曲臀部。
- 上半身前倾时膝盖不断弯曲。
- 放在地上的腿所处位置不够靠后。

说明

如果小腿的拉伸感还是比大腿后侧强烈，请在初始姿势时增加拉伸腿膝盖的弯曲度。

左腿尽可能往身后伸展。上半身挺直并收紧腹部。保持腰背部向前弓，上半身向前倾斜。可以将手指放在凳子上支撑身体。

上半身保持不动，脚和大腿向下压凳子以产生抗阻力。

耻骨肌、长收肌和短收肌

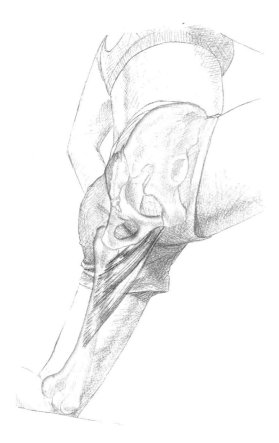

肌肉知识

短收肌包含三块肌肉。它们起于耻骨前侧，沿着大腿内侧向下连接至股骨后侧。短收肌的功能是并拢双腿和向外扭转腿部。它们也帮助向前倾斜臀部，帮助腰背部向前弓。

肌肉紧绷的原因

如果坐立的时间过长，或者总体上运动量太小，都会造成短收肌紧绷。曲棍球、足球、骑马等体育运动也会导致这些收肌缩短。

肌肉紧绷的症状

• 腰背部疼痛。

如果收肌紧绷，会增加腹股沟肌肉拉伤的危险。

警告

如果膝盖或腰背部在拉伸过程中出现疼痛，请不要做这一运动。

由于位于大腿内侧的肌肉通常都非常敏感，因此推荐你做这个简单的热身运动。它会帮助你找到肌肉的正确位置，从而正确地拉伸肌肉。整个运动由左腿控制，包括你能拉伸到何种程度。确保在左腿工作时放松右腿。由于初始姿势时腿部的位置酷似印第安人的头像，这一运动有时也被成为"印第安人拉伸"。

拉伸短收肌之前请热身。

由于大腿内侧的肌肉非常敏感，请在拉伸之前完成这一热身练习。

以站姿开始。右腿发力左右移动身体。交替使用大腿内侧和臀部肌肉。

身体发热后再拉伸短收肌。

动作要领

双膝跪在地面上。向侧面抬起左腿，左脚着地。确保右大腿和左大腿呈90度角。左脚脚尖应指向左膝所指方向。

确保左膝弯曲呈90度角，右侧髋关节成开放式。收紧腹部并微微减小腰背的弓度，同时保持右臀不弯曲。上半身必须完全挺直。

这就是初始姿势。

小心地弯曲左膝，右膝向右侧压，直至右腿内侧出现轻微刺痛感，拉伸5至10秒。放松肌肉5至10秒。

右膝小心地向左侧压5至10秒，以产生抗阻力，放松肌肉5至10秒。

继续弯曲左膝，并将右膝向右侧压以进一步拉伸，直至到达新的终止点。

重复2到3次。

常见错误

- 髋关节弯曲。
- 弓腰过度。
- 左脚的位置离身体过近。

说明

随着柔韧性的不断提高，在初始姿势时请将左脚放在更加远离身体的位置。如果膝盖跪地有些疼痛，请在膝盖下方垫一个枕头。如果腰背部出现疼痛，请收紧腹部。

上半身上提并收紧腹部。左腿小心地弯曲，带动左膝向侧面移动。

身体保持不动，右膝向左侧压地面以产生抗阻力。

股薄肌（长收肌）

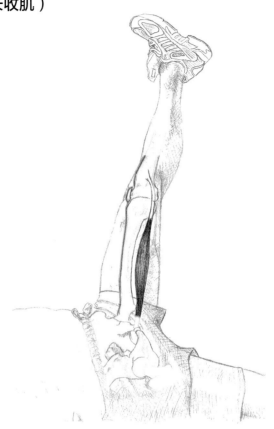

股薄肌影响膝关节和髋关节的活动。如果想让这块肌肉达到较好的拉伸效果，在拉伸短收肌的动作中，腿部向侧面伸出时应该伸直，不能弯曲腿部。伸直腿部还会增加膝关节受伤的危险。因此，做这一运动时请多加小心，并且避免在站立时做类似的运动。为了安全起见，在收回腿之前请弯曲膝盖。在做这一运动之前参照前面的热身练习进行热身是一个不错的方法。

肌肉知识

股薄肌是一块长而薄的肌肉，始于耻骨前侧，沿着大腿内侧连接膝盖内侧，再向下连接至小腿的内侧上端。这一肌肉的肌腱有时会在手术中用来替代膝关节交叉韧带（ACL）。

股薄肌的功能是收缩髋关节和膝关节。它帮助臀部前倾，还负责向前弓腰。

肌肉紧绷的原因

如果坐立的时间过长，或是总体上活动量太小，股薄肌就会紧绷。曲棍球、足球、骑马等运动也会造成股薄肌缩短。

肌肉紧绷的症状

• 膝盖内侧疼痛。

警告

拉伸过程中如果膝盖内侧出现疼痛，请不要做这一运动。

动作要领

靠着门框右侧躺在地面上，臀部抵住墙壁，双腿竖直向上靠墙。弯曲左腿，让大腿和膝盖紧贴门框内侧。这一动作会增加运动中的稳定性，保护背部。右腿应该完全伸直，指向天花板方向。收紧腹部，双臂向身体两侧伸展。

沿着墙面小心地向侧面滑动右腿，拉伸5至10秒。脚跟沿着墙面滑动，直至大腿内侧出现刺痛感。放松肌肉5至10秒。

沿着墙面小心地抬起腿部约2.5厘米的距离以产生抗阻力。放松肌肉5至10秒。

腿部继续向侧面滑动以进一步拉伸，直至到达新的终止点。

重复2到3次。

常见错误

- 右腿过度弯曲。
- 腹部不够收紧。
- 所躺的位置离墙过远。

说明

如果长收肌比较敏感，可以先做98页拉伸短收肌的运动。也可以循序渐进地做这一运动。腿部先向侧面滑动，然后再回到初始姿势。重复这个动作，腿部收回之前，每一次向侧面滑动的距离都比上一次增加一些。通过每次多移动10厘米的距离来预热肌肉。

尽可能地靠墙平躺，左腿抵住门框。右腿小心地向侧面滑动。

右腿小心地沿着墙面往回滑动2.5～5厘米以产生抗阻力。

腓肠肌

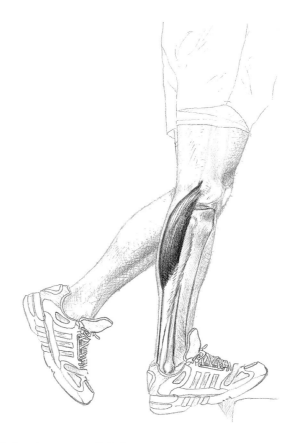

腓肠肌是身体最强壮的肌肉之一。虽然它体积不大，但却能轻松提起整个身体的重量。例如跑步和跳跃。这块肌肉及其肌腱还具有很强的耐力。它们的结构适合长时间低强度的负荷，比如长距离步行。腓肠肌需要花大量的时间和力量以达到真正的拉伸效果。因此，每次拉伸都必须坚持足够的时间以达到预期的效果。站立或上台阶的拉伸运动对于这块肌肉几乎没有什么效果。为了在拉伸这块肌肉的动作中寻求一些新变化，请站立在具有一定倾斜度的物体表面上。做这一运动时请务必穿鞋。

肌肉知识

腓肠肌有两个头，都起自股骨下端的后侧。两个头共同形成跟腱，连接至脚后跟。腓肠肌的功能是绷脚尖和弯曲膝盖。

肌肉紧绷的原因

长时间运动量过低或长距离跑步都有可能造成腓肠肌紧绷。

肌肉紧绷的症状

- 肌腹痉挛。
- 跟腱疼痛（可能导致跟腱炎）。
- 小腿前侧肌肉疼痛。
- 足弓疼痛。

警告

如果脚背出现疼痛，请不要做这一运动。

动作要领

找一处牢固的物体边缘，如台阶或几本电话簿。右脚脚掌踩在平面上（约三分之一脚长），足弓和脚后跟悬空。

放松小腿，让脚后跟顺势落下进行拉伸。放松肌肉5至10秒。

腓肠肌发力上提身体2.5～5厘米的距离以产生抗阻力。放松肌肉5至10秒。

脚后跟继续向下落下以进一步拉伸，直至肌肉再次出现轻微刺痛感。到达新的终止点。

重复2到3次。

常见错误

- 脚踩在平面边缘的部分过短。
- 腿部没有伸直。

说明

如果在做这一运动时出现疼痛，请试着同时拉伸两条小腿。

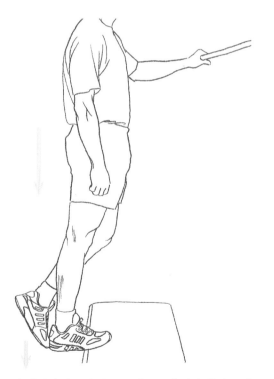

脚掌踩在平面上站立。确保腿部完全伸直。脚后跟小心地向下放下。

脚掌下压平面以产生抗阻力。

比目鱼肌

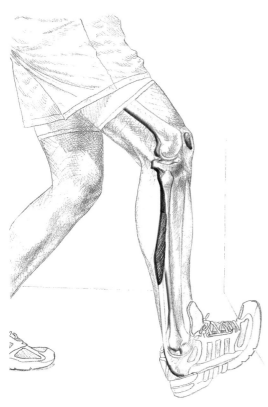

这一位于小腿深处的肌肉与腓肠肌的区别在于，它没有经过膝关节。因此，比目鱼肌不会影响膝关节的活动。这一运动能在不拉伸腓肠肌的前提下拉伸比目鱼肌。基于这一点，在拉伸比目鱼肌时应保持腿部微屈。

肌肉知识

比目鱼肌位于腓肠肌下层。与跟腱相连。比目鱼肌起于小腿腿骨的后侧，连接至脚后跟。它也负责绷脚尖。

肌肉紧绷的原因

长期运动量过小或习惯性久坐都会造成比目鱼肌紧绷。对比目鱼肌工作量要求较高的运动，例如跑步和骑自行车，也有可能造成肌肉紧绷。

肌肉紧绷的症状

- 小腿疼痛。
- 足弓疼痛。

比目鱼肌紧绷也会导致跟腱出现问题。

警告

如果运动过程中脚后跟或膝盖后侧出现疼痛，请不要做这一运动。

动作要领

找一面靠近门的墙，将门打开以帮助你保持平衡，增加身体前倾的幅度。前脚掌抵住墙壁，脚后跟踩在地面上。用后面的腿保持身体平稳。抓住门框小心地弯曲右膝。收紧腹部并挺直上半身。你现在的姿势就是初始姿势。

膝盖保持弯曲，腿部和上半身小心地向前倾斜，拉伸肌肉5至10秒，直至小腿出现轻微刺痛感。放松肌肉5至10秒。

拉伸腿的脚小心地踩压墙面，试着绷直脚尖5至10秒以产生抗阻力。放松肌肉5至10秒。

保持膝盖弯曲，腿部和上半身继续向前倾斜以进一步拉伸，直至到达新的终止点。

重复2到3次。

常见错误

- 腿部伸直造成过度拉伸。
- 脚掌踩在墙上的位置过高或过低。

说明

如果拉伸过程中脚后跟出现疼痛，请多加小心，或先拉伸腓肠肌一段时间。

整个运动过程中请保持膝盖弯曲，防止使用腓肠肌。拉伸过程中可以用手帮助身体向前倾。

身体保持不动，脚掌踩压墙面以产生抗阻力。

胫骨前肌

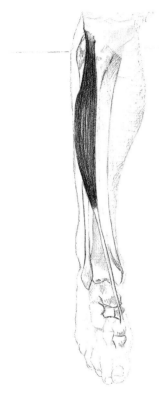

由于胫骨前肌位于胫骨前侧，加上踝关节活动范围的限制，拉伸胫骨前肌是有一定难度的。拉伸这块肌肉时，很难有拉伸其他肌肉时产生的感觉。其他一些动作，例如臀部坐在脚后跟上，能够产生更好的拉伸效果。但缺点是膝关节有受伤的危险。错将胫骨前肌疲劳当作胫纤维发炎的现象很常见。胫纤维发炎常发于腓骨下端内侧，而不是在腓骨的外侧。

肌肉知识

胫骨前肌位于小腿前侧和胫骨外侧。它起于腓骨的整个前侧，经过脚踝和足部顶部，与大脚趾相连。胫骨前肌的功能是收缩踝关节，内翻足部（旋后）。

肌肉紧绷的原因

如果快步行走时无法适应这种强度，胫骨前肌就可能出现紧绷。肌肉在跑步或骑踏板上有脚扣的自行车时也会紧绷。

肌肉紧绷的症状

- 腓骨外侧疼痛。
- 踝关节疼痛。
- 由于足部仰转能力有限，走路或跑步时脚底无法向上抬起。

警告

拉伸过程中如果脚踝或膝盖出现疼痛，请不要做这一运动。

动作要领

找一处略高于膝盖的柔软平面。可以选择一张较高的长凳，或者在凳子上放两个枕头。靠近凳子站立，脚踝放在凳子上。右手放在脚后跟上，手指朝前以便抓住脚跟。

用手向前方和下方按压脚后跟，拉伸5至10秒，直至脚踝前侧出现轻微刺痛感。放松肌肉5至10秒。

脚趾下压凳子表面5至10秒以产生抗阻力。放松肌肉5至10秒。

继续向下方和前方按压脚后跟以进一步拉伸，直至到达新的终止点。

重复2到3次。

常见错误

• 凳子或椅子的高度过低，导致手无法下压脚后跟。

说明

如果无法达到较好的拉伸效果，请找推拿理疗师或物理治疗师帮你放松。

请不要过度弯曲膝盖。弯曲右腿的同时向下按压脚后跟以伸展踝关节。

脚尖下压以产生抗阻力。

肱二头肌

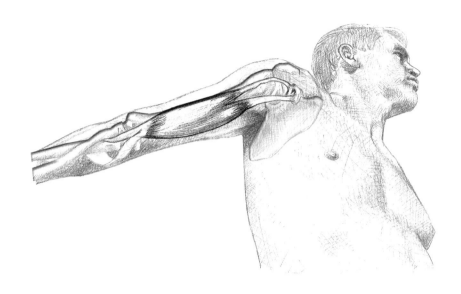

由于肱二头肌经过肘关节和肩关节，因此在做这一运动时应多加小心，这一点非常重要。虽然拉伸肱二头肌的感觉与拉伸其他肌肉的感觉不太一样，但你仍然能够从中受益。通过拉伸可以避免肌肉撕裂或断裂。

肌肉知识

　　肱二头肌位于上臂的前侧。它有两个头，分别起于肩胛骨的不同位置，并在上臂中部合二为一形成肌腹，并连接至桡骨。肱二头肌的功能是收缩肘关节，向外旋转前臂（旋转手心朝上），它还帮助肩关节微微抬起手臂。

肌肉紧绷的原因

　　肘关节长时间保持收缩状态的活动，如铲雪、提重物，会导致肱二头肌紧绷和缩短。

肌肉紧绷的症状

- 肩部前侧和外侧疼痛。
- 手肘前侧疼痛。

警告

　　拉伸过程中如果手腕、手肘或肩关节出现疼痛，请不要做这一运动。

动作要领

　　找一个壁架或吧台，根据柔韧性选择与肩部同高或略低于肩部的高度。背对壁架或吧台站立，离壁架或吧台约一臂的距离。右手臂应向内旋转，让大拇指指向臀部。手臂向后伸抓住吧台或将手背放在平面上。此时，指关节应该向下，大拇指则指向身体的方向。挺直身体，收紧腹部，右脚向前迈一小步。你现在的姿势就是正确的初始姿势。

　　小心地弯曲双腿，同时上半身不要向前倾斜，拉伸5至10秒。继续拉伸直至上臂前侧出现轻微刺痛感。放松肌肉5至10秒。

手臂向地面方向下压5至10秒以产生抗阻力。放松肌肉5至10秒。

继续弯曲双膝以进一步拉伸，直至到达新的终止点。

重复2到3次。

常见错误

- 手臂旋转的方向错误。
- 吧台的高度过高或过低。
- 上半身弯曲或前倾。

说明

上臂前侧的肌腹无法出现明显拉伸感是很常见的现象。可能只有肩关节或手肘能感受到拉伸。只要没有不适感，这一运动对你会有一定的益处。如果在抓住吧台时出现手腕疼痛，请在到达拉伸位置伸展手腕时身体试着略微前倾。如果手部疼痛，请在壁架或吧台上垫一块毛巾。

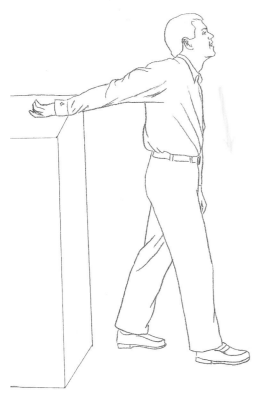

手背放在平面上。抓住固定的杆会帮助你实现更好的拉伸效果。弯曲双腿时请保持上半身挺直。

手部向下方和前方按压以产生抗阻力。

肱三头肌

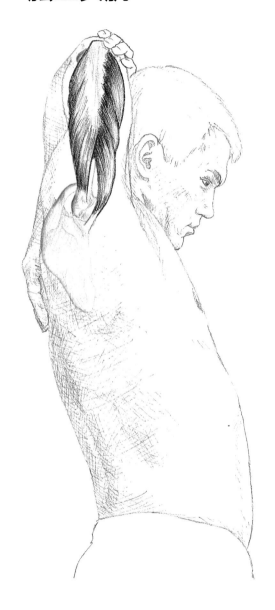

虽然位于上臂后侧的肌肉很少受伤，它们依然能导致不同类型的疼痛。肌肉中的触发点或结节向下会引起辐射至手肘的疼痛，向上则会造成辐射至肩部区域的疼痛。如果肩关节柔韧性非常好，拉伸时应该确保将肩胛骨抵在墙面上。

肌肉知识

　　肱三头肌位于上臂的后侧，包含三个头。三个头汇集成一个肌腹，连接至手肘。其中一个头起于肩胛骨，另外两个头起于肱骨后侧。肱三头肌的功能是伸直手肘，向后且略靠近身体的方向移动手臂。

肌肉紧绷的原因

　　网球、羽毛球这类运动会造成肱三头肌紧绷和缩短。

肌肉紧绷的症状

- 手肘疼痛。
- 辐射至前臂的疼痛。

警告

　　拉伸过程中如果肩部或手肘内侧出现疼痛，请不要做这一运动。

动作要领

　　身体右侧靠墙站立。身体离墙壁应保持适当距离，以便需要倾斜身体才能接触到墙面。抬起右手臂举过头顶，全身只有肩胛骨接触墙面。尽可能地弯曲右手臂。左手抓住右手肘。

　　小心地在脑后拉动右手肘，拉伸5至10秒，直至上臂后侧出现轻微的刺痛感。放松肌肉5至10秒。

继续在脑后拉动右手臂以进一步拉伸，直至到达新的终止点。可以试着往天花板方向提起手臂以加强拉伸效果。

重复2到3次。

常见错误

- 拉伸时胸部、背部或肩部收紧。
- 肩胛骨使劲抵在墙上。
- 手肘弯曲度不够。

说明

由于这块肌肉几乎不会出现严重的缩短，大多数人基本感受不到肌肉的拉伸。

尽可能地弯曲手臂。手肘放在脑后以增加拉伸强度。手肘向右移动的同时试着伸直手臂，以此产生抗阻力。

确保肩胛骨稳固地抵在墙面上。

前臂屈肌

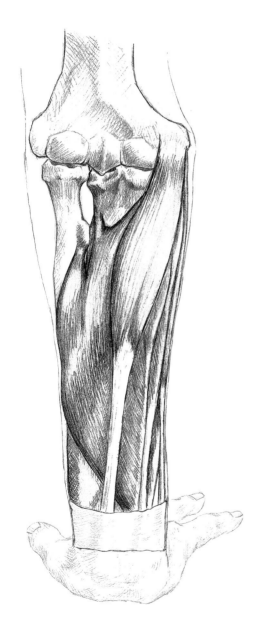

前臂屈肌是指位于前臂与手掌同侧的10块小肌肉。为了防止这些屈肌出现疼痛，应该经常进行拉伸，避免长时间静态地、反复地使用这些肌肉。

肌肉知识

前臂屈肌起于上臂下方末端，穿过肘关节内侧，经过手腕与手掌同侧的位置。最后，它们形成肌腱延伸至手指。

这些屈肌共同作用，负责向手掌方向弯曲手指。它们也在各自的指关节处单独活动，弯曲每一根手指。

肌肉紧绷的原因

长时间地静态工作，例如敲击电脑键盘，会导致这些屈肌紧绷和缩短。所有需要大量手部活动的职业也会导致这些屈肌出现问题。木匠、按摩治疗师、推拿理疗师、体操运动员、攀岩者和曲棍球运动员常常会受到影响。

肌肉紧绷的症状

- 前臂和手指出现疼痛。
- 手肘内侧出现疼痛（也称为高尔夫球肘）。

柔韧性测试

双手放在脸部前方，手掌合拢。手肘向上抬起，直至前臂处于水平位置。不要移动双手。

警告

如果拉伸时手腕出现疼痛，请不要做这一运动。

动作要领

找一个平面，如桌面，向内旋转双手，让手指对着身体，双手放在桌面上。右大拇指此时应指向右边。

左手放在右手手指上。右手臂完全伸直。

小心地朝着身体的方向拉右手臂，拉伸5至10秒，直至右前臂出现轻微的刺痛感。

放松肌肉5至10秒。

手指按压桌面5至10秒以产生抗阻力。放松肌肉5至10秒。

右手臂继续朝着身体的方向移动以进一步拉伸，直至到达新的终止点。

重复2到3次。

常见错误

- 弯曲手肘。
- 手指没有完全伸直。
- 桌面高度过高。

说明

如果桌子过高，将无法做到正确的初始姿势，以致于在整个练习过程中也无法完成正确的动作。手掌下垫一条毛巾能帮助你保持手指伸直。

手臂和身体向后靠。确保练习过程中手肘完全伸直。左手放在右手手指上以加强拉伸效果。

右手下压桌面以产生抗阻力。

前臂伸肌

伸肌包括10块肌肉，位于前臂外侧和后侧。近来，前臂伸肌引起了越来越多的关注，因为许多人都因为这一区域疼痛而无法工作。每天拉伸这些肌肉20次，不仅能为身体带来好处，还是在工作中休息一下的好方法。

肌肉知识

大多数伸肌起于上臂下端的外侧。它们沿着手肘外侧向下经过手腕，直达手掌和手指形成肌腱。前臂伸肌负责弯曲手肘，向手背方向收缩腕关节。同时，它们也在指关节处独立工作，负责伸展每一根手指。

肌肉紧绷的原因

操作电脑时肌肉静态地工作，或者肌肉机械性地工作，都会造成前臂伸肌缩短。从事手部活动量较大工作的人群，如木匠、按摩治疗师、攀岩者、体操运动员和举重运动员，常常会受到影响。

肌肉紧绷的症状

- 前臂疼痛。
- 手肘外侧疼痛（网球肘）。
- 手指疼痛。

警告

如果拉伸导致手腕疼痛，请不要做这一运动。

动作要领

如果喜欢站着，请找一张桌子；如果喜欢坐着，用地面就可以了。手背朝前握紧拳头。弯曲手腕，手背紧贴桌面或地面，手指冲着自己。用另一只手帮助固定并捏紧拳头。手腕保持伸直。

将手臂向身体的方向拉伸5至10秒，直至前臂出现轻微刺痛感。放松肌肉5至10秒。

指关节小心地下压桌面5至10秒，以产生抗阻力。放松肌肉5至10秒。

继续向后拉手臂以进一步拉伸，直至到达新的终止点。

重复2到3次。

常见错误

- 弯曲手肘。
- 握拳不够紧。
- 桌面高度过高。

说明

如果桌子过高，在运动的整个过程中会导致初始姿势不正确，也无法保持正确的拉伸动作。如果拉伸时手部疼痛，请在桌上或地上垫一块毛巾或一个枕头。

用左手帮助右手握紧拳头、弯曲手指。在运动过程中确保手肘完全伸直。向后拉拽手臂和身体。

手背向下按压桌面以产生抗阻力。

桡侧腕长伸肌和短伸肌

使用鼠标导致肌肉静态工作，会造成前臂疼痛，而最经常产生这种疼痛的肌肉就是桡侧腕长伸肌和短伸肌。这些肌肉可以承担大量的工作，但是年复一年不加休息地重复同样的动作会让它们精疲力竭。虽然我们常常不想承认，但疼痛确是肌肉自我保护的方式。缓解前臂疼痛需要长期坚持拉伸，坚持充分地按摩软组织。

日积月累出现的病症同样也需要一定的时间才会消除。解决这类问题需要制定长期计划。

肌肉知识

桡侧腕长伸肌和短伸肌起于上臂末端，经过手肘沿着前臂外侧向下穿过手腕。最后，它们与食指和无名指相连。这些肌肉负责弯曲手肘，伸直手腕、食指和无名指。

肌肉紧绷的原因

长期静态地工作导致桡侧腕长伸肌和短伸肌缩短。从事手部活动量较大职业的人群，如建筑工人、攀岩运动员、曲棍球运动员以及用电脑办公的人常常会受到影响。

肌肉紧绷的症状

- 前臂外侧疼痛。
- 食指和无名指出现疼痛和麻木。
- 手肘外侧疼痛（网球肘）。

警告

如果拉伸过程中手腕或肩部出现疼痛，请不要做这一运动。

动作要领

弯曲右手臂，在肚脐前方固定住。右手握拳并向内旋转前臂，同时向掌心的方向弯曲腕关节。左手抓住右手进一步弯曲右手腕。手肘应保持弯曲状态。放松肩部和右手臂。

向内旋转右前臂的同时小心地伸展右手臂，左手帮助右手腕进一步弯曲，拉伸5至10秒。继续拉伸直至右前臂出现轻微刺痛感。放松肌肉5至10秒。

试着小心地伸直右手腕，保持5至10秒以产生抗阻力。放松肌肉5至10秒。

伸直右手臂、弯曲右手腕以进一步拉伸，直至到达新的终止点。

重复2到3次。

常见错误

- 前臂旋转的幅度不够。
- 手腕弯曲的幅度不够。
- 握拳不够紧。
- 右臂伸得不够直。

说明

虽然刚开始练习这一运动时会有些难度，但是请不要放弃。切记熟能生巧。

弯曲右手臂并用左手帮助弯曲右手腕和手指。伸直手臂，并用左手将右手腕和手指保持在原来的位置。

右手手背抵住左手发力以产生抗阻力。

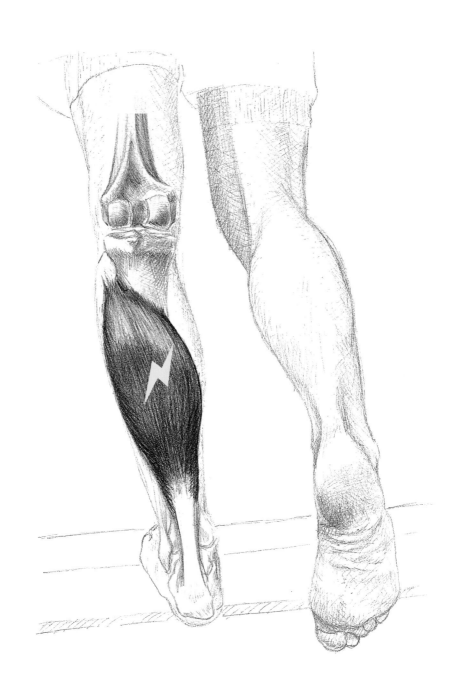

疼痛缓解方案

早晨易出现的常见疼痛

如果早晨起床后，感觉像是昨晚被人用棒球棍敲打了头部，仿佛有人想折断你的背，或是将双臂压在背后，这说明你的睡姿对身体可能不太好。但改变睡姿并不容易。我们在年轻时养成了习惯的睡姿，而如今的肌肉柔韧性已不比当年。下面介绍一些治疗睡醒后出现的常见疼痛的方法。

睡醒后头疼吗

睡醒后头疼绝不是开启崭新一天的理想方式。虽然你的确睡觉了，但并不意味着你得到了休息和放松。睡觉时磨牙和紧咬下颌都是压力的典型症状。这类夜间活动包含下颌部肌肉和颈部肌肉的活动。你是否注意到，即将入睡时，你会朝着耳朵的方向上提肩部。

这一动作在你睡着后也不会停止，从而可能导致睡醒后头疼。

治疗措施

拉伸并放松颈部区域（见123页）能有效地避免头痛。

睡姿不良和肌肉缩短会导致头痛。床的软硬程度也是影响因素之一。总体而言，体重越重，床就应该越硬。

睡醒后落枕吗

如果睡醒后落枕，颈部无法动弹，说明枕头可能太高了。侧躺睡在过高的枕头上会拉伸颈部一侧的肌肉，同时缩短颈部另一侧的肌肉。这种习惯会刺激颈部的肌肉和关节。

治疗措施

侧躺时请确保头部和脊柱平齐。根据需要调整枕头的高度。

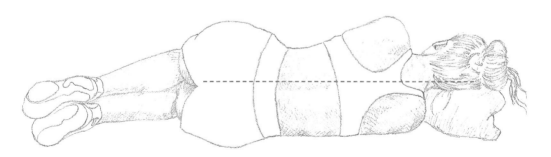

如果侧躺着睡觉，那么床就不能太软。坚实的床垫能帮助你保持脊柱平齐。

睡醒后手臂麻木吗

睡醒后手臂刺痛麻木会让你非常不适。出现这一现象最常见的原因是手臂放在头部上方睡觉。手臂放在头部上方平躺的睡姿会拉伸胸大肌和胸小肌，导致肌肉将起于颈部和躯干的神经和血管推进手臂，从而导致麻木。

治疗措施

彻底改变睡姿，或者睡觉时试着将双手放在体侧。每晚睡觉之前拉伸胸大肌和胸小肌。

睡醒后肩部疼痛吗

睡觉时手臂放在枕头下方且手肘放在头部上方，会造成早晨醒来肩部疼痛。这种睡姿会挤压冈上肌，导致手臂出现无力感。

治疗措施

请尝试平躺着睡觉，或将手臂放在肩部下方。

睡醒后腰背部疼痛吗

俯卧在太软的床上睡觉常会产生这种背部断成两截的感觉。

这是因为身体最重的部分——上腹部陷进床里，背部严重向前弓。这种习惯，伴随着髋部屈肌紧绷，能"保证"你每天早晨腰背部疼痛。

治疗措施

更换一张硬一些的床，或是在床垫下方垫一块板。睡前拉伸髋部屈肌。试着侧躺睡觉。

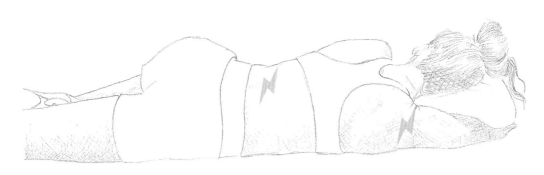

手臂放在头部上方的睡姿会导致肩部和手臂疼痛或麻木。如果俯卧在床上睡觉，或是床太软，腰背部会向前弓，从而导致背部慢性扭伤。

拉伸计划

拉伸是消除或减轻疼痛的最佳方式之一。本章的剩余篇幅将为你概括针对不同疼痛症状的拉伸计划。文中提到的背部疼痛或颈部结节，造成这些疼痛的原因不是单一的。如果无法确认自己出现疼痛的原因，请向医生或推拿理疗师寻求帮助。

背部疼痛

这一症状实际上并不能告诉我们疼痛的原因，也不能告诉我们具体是哪儿出现疼痛。

疼痛点

- 肌肉痉挛。
- 拉伸后的韧带。
- 受损的椎间盘。
- 腰椎关节活动限制。

原因

疼痛可由以下原因引起。

- 肌力不平衡。
- 背部肌肉疲劳。
- 肌肉紧绷。
- 肌肉薄弱。
- 反复举重物。
- 活动量过小。

一般治疗措施

最好的建议就是保持运动。可能的话在安全的范围内左右活动身体。你活动了多远并不重要，重要的是你在运动。

无论背痛多严重，都必须站起来走路。能走多远就走多远。累了就躺下休息。一定要侧身躺下，因为侧卧的姿势比仰卧或俯卧更容易起身。请不要坐着，因为久坐会推迟康复时间。同时也要避免会引发四肢刺痛的动作，因为身体里的触发防御系统也会进一步延长治疗时间。

特殊治疗措施

每天要多次拉伸。每天拉伸10次则会帮助你更快康复。

何时寻求专业帮助

如果出现以下情况，请寻求专业人士的帮助。

- 刺痛下延至腿部。
- 某个区域的皮肤丧失感觉。
- 某些肌肉无力。
- 小便障碍。

需要拉伸的肌肉

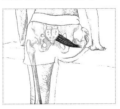

梨状肌，72页~75页

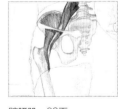

髂腰肌，83页

腰方肌，78页~81页

股直肌，86页~90页

颈部结节

颈部结节这一症状同样也无法告诉我们出现疼痛的具体原因和确切位置。即便活动起来很疼，多活动依然是应对这种情况的关键。

总的来说，颈部疼痛分为两类

第一类是急性的。头部无法扭转或向两侧倾斜。头部向其他方向的活动不会产生疼痛。早晨一醒来常常出现这类疼痛。

第二类是慢性的。疼痛发展过程缓慢，逐渐减小你的活动范围。

疼痛点

- 肌肉痉挛。
- 神经痛。
- 受压迫的椎间盘。
- 拉伸后的韧带。
- 颈椎处关节活动受限。

原因

疼痛可由以下原因引起。

- 由压力或单调重复作业引起的全身肌肉僵硬。
- 不良睡姿。
- 肌肉严重超负荷。
- 坐在通风的位置。

一般治疗措施

保持运动依然是关键。尽量扭转头部，向两侧倾斜头部，前后活动头部。如果感觉疼痛就停止动作。不要使用颈托，也不要冰敷颈部，但可以热敷。睡由谷物制成的枕头效果一般都不错。

特殊治疗措施

针对第一类疼痛，只朝着不会产生疼痛的方向拉伸。

针对第二类疼痛，两个方向都要拉伸，但更多的时间应放在拉伸活动受限一侧。

对于这两类疼痛来说，经常拉伸非常重要。建议每小时拉伸几次。

何时寻求专业帮助

如果出现以下情况，请寻求专业人士的帮助。

- 刺痛从颈部延伸至手臂和手掌。
- 手臂和手掌无力。
- 某个区域的皮肤丧失感觉。

需要拉伸的肌肉

除了自己拉伸，可以考虑向专业治疗师寻求帮助，如推拿理疗师、物理治疗师或"整脊治疗师"。

胸锁乳突肌，30页

上斜方肌，26页

枕下肌群，34页

中斜方肌和菱形肌，48页，50页

斜角肌，32页

肩胛提肌，36页，38页

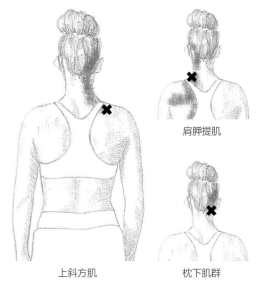

肩胛提肌

上斜方肌　　　　　枕下肌群

脊柱实际受力多少并不是出现背痛或颈部疼痛
的决定性因素。而起决定性作用的因素是脊柱
的姿势以及脊柱保持特定姿势的时间。

头部疼痛

　　紧张性头痛是最常见的一种头痛。颈
部和肩部肌肉紧绷导致触发点触发头部疼
痛。最常见的疼痛位置是颈部一侧，整个太
阳穴区域以及耳后区域，感觉像是被钉入一
颗钉子。这类疼痛绝大多数是由斜方肌上部
的触发点引发的。因此，按摩太阳穴并不能
缓解疼痛。由于头痛不会一次作罢，所以，
拉伸能在短期内缓解疼痛，也能长期地改善
疼痛。

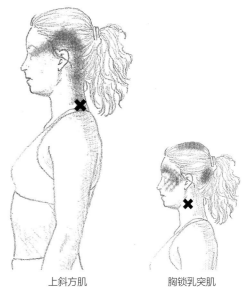

上斜方肌　　　　　胸锁乳突肌

X表示触发点的位置，红色区域表示可能出现
不适的部位。

疼痛缓解方案

疼痛点

- 触发点。
- 紧绷的肌肉。
- 无法活动的颈部关节。

原因

疼痛可由以下原因引起。

- 压力导致的肌肉长期紧绷。
- 单调重复作业。
- 焦虑。
- 肩部区域或身体其他部位疼痛。

一般治疗措施

放松对你很重要。如果有头痛的预感，请立刻坐下并支撑柱颈部和肩部，然后主动

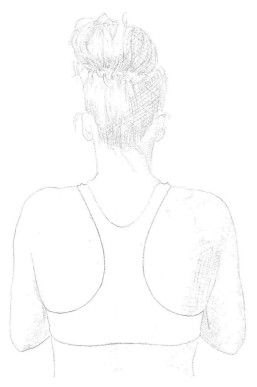

耸肩久坐是导致头痛的最常见原因。为了减轻头痛，请练习放松和下落肩部。

地放松颈部和肩部，能有效地止痛。加热垫也可以帮助缓解肌肉紧绷。

特殊治疗措施

请拉伸下图中提到的肌肉。如果头痛过于严重，请先主动休息和放松，在症状稍微好转一些时再进行拉伸。

何时寻求专业帮助

如果出现以下情况，请寻求专业人士的帮助。

- 头痛不止。
- 头痛加剧（头痛欲裂）并且不止，或者平时从不头痛此时出现头痛症状。

需要拉伸的肌肉

上斜方肌，26页

斜角肌，32页

胸锁乳突肌，30页

肩胛提肌，36页，38页

枕下肌群，34页

上背部疼痛

上背部出现一个点或多个点疼痛并不常见。肩胛骨上部内侧的疼痛点是非常顽固的，这一区域出现的疼痛感有时像是出现在肩胛骨下方。为了避免疼痛，必须拉伸上背部、胸部和颈部前侧的肌肉。如果不拉伸胸部肌肉，就很难以改进你的姿势，而良好的姿势则可以避免疼痛。

疼痛点

- 肌肉中的触发点。
- 脊柱靠近胸部无法活动的关节。
- 肋骨和脊柱之间无法活动的关节。
- 韧带过度拉伸。

原因

疼痛可由以下原因引起。

- 不良姿势。
- 胸部、臀部和大腿后侧紧绷的肌肉。
- 背部较弱的肌肉。

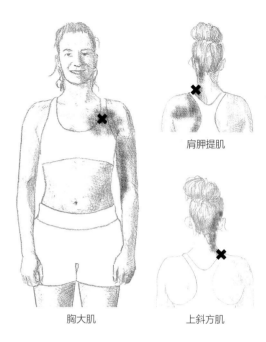

肩胛提肌

胸大肌　　　　　　上斜方肌

坐立时弯腰驼背迫使肩胛骨之间的肌肉静态运动，因为它们必须发力向上支撑身体，同时保护脊柱的韧带。

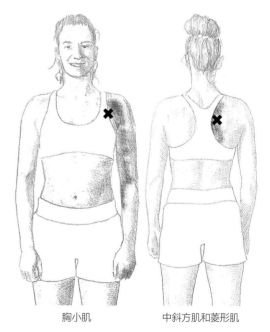

胸小肌　　　　　　中斜方肌和菱形肌

X表示触发点的位置，红色区域表示可能出现不适的部位。

125

一般治疗措施

最重要的一点是改正不良姿势。坐则一次最好不要超过20分钟。若感到肌肉紧绷，无论坐立时间长短，请起身活动肩部、颈部和头部。活动时可以使用加热板。

特殊治疗措施

安排多次的短休时间进行拉伸，因为这些僵硬的肌肉不会轻易"屈服"。

何时寻求专业帮助

如果疼痛持续一周以上，请寻求专业人士的帮助。

需要拉伸的肌肉

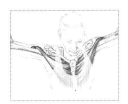

胸大肌，40页，42页

中斜方肌和菱形肌，48页，50页

背阔肌，52页，55页

胸锁乳突肌，30页

肩胛提肌，36页，38页

辐射至手臂和手掌的肩部疼痛

如果肩部区域没有很好地拉伸，疼痛辐射至手臂和手掌的可能将大大增加。因此，拉伸时应先拉伸肩胛带周围的肌肉，再拉伸具体的肩部肌肉和手臂肌肉。

疼痛点

- 紧绷肌肉中的触发点。
- 静态负荷过大的前臂肌肉。
- 颈椎的关节活动受限。

原因

手掌和前臂进行的一些精细小动作也会导致疼痛，因为这些精细的小动作会导致肩部肌肉静态运动，且运动量与前臂肌肉静态运动的运动量相当。

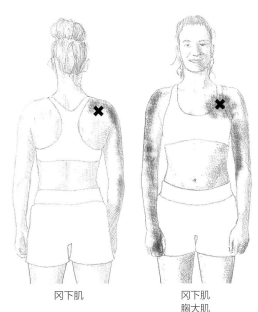

冈下肌

冈下肌
胸大肌

X表示触发点的位置，红色区域则表示可能出现不适的部位。

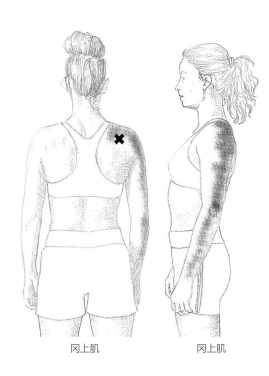

冈上肌　　　　　　　　　冈上肌

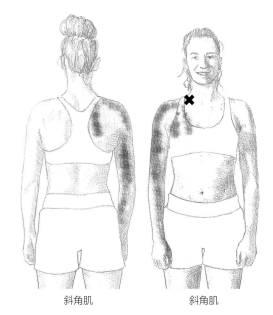

斜角肌　　　　　　　　　斜角肌

X表示触发点的位置，红色区域则表示可能出现不适的部位。

一般治疗措施

　　检查所有与你所使用的电脑相关的东西，例如键盘、鼠标、电脑桌高度和椅子。每20分钟就站起来活动一次肩部。在家中请尽量减轻这些肌肉的负担，同时避免肩部和手臂静态运动。

特殊治疗措施

　　定期拉伸，不仅仅只是在工作时间拉伸。

何时寻求专业帮助

　　如果疼痛在三到四周内都没有减轻，请寻求专业人士的帮助。

需要拉伸的肌肉

　　首先，拉伸颈部和肩胛带周围的肌肉。

冈下肌，57页，60页

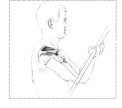

冈上肌，64页，66页

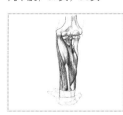

前臂屈肌，112页

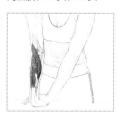

前臂伸肌，114页

胸大肌 40页，42页

上斜方肌，26页

肩部疼痛

当然肩部或周围区域会受伤有多种原因。有时疼痛会导致无法完成任何动作。如果遇到了类似情况，请不要强迫自己拉伸。

冈上肌

上斜方肌

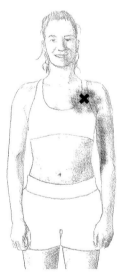

胸大肌

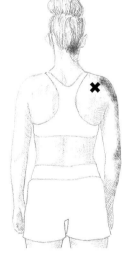

冈下肌

X表示触发点的位置，红色区域则表示可能出现不适的部位。

疼痛点

- 紧绷肌肉中的触发点。
- 受压肌肉。
- 受压神经。
- 伤病导致关节软骨损伤。
- 颈部关节锁死。

原因

疼痛可由以下原因引起。

- 肩关节向内或向外重复旋转。
- 双手置于头部之上的活动过多。
- 过度参与投掷类运动项目。

一般治疗措施

避免所有双手在头部之上活动的动作，避免肩关节反复旋转。

特殊治疗措施

小心地拉伸，感觉疼痛时立即停止动作。

何时寻求专业帮助

如果出现以下情况，请寻求专业人士的帮助。

- 疼痛不止。
- 由于疼痛或突发阻力导致肩部无法完成动作。

需要拉伸的肌肉

胸大肌，40页，42页

冈下肌，57页，60页

背阔肌，52页，55页

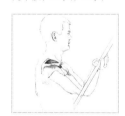

冈上肌，64页，66页

中斜方肌和菱形肌，48页，50页

肱二头肌，108页

网球肘和高尔夫球肘

这两个词语描述了导致前臂疼痛的一些状况。而且这两类症状越来越普遍，比如建筑行业工人也常常受此影响。

高尔夫球肘导致手肘内侧疼痛，而网球肘导致手肘外侧疼痛。

疼痛点

- 前臂肌肉超负荷承重，且肌肉产生高浓度乳酸。

原因

疼痛可由以下原因引起。

- 前臂长期静态工作。
- 做对前臂和手掌肌力和肌耐力要求较高的动作。

一般治疗措施

避免所有需要用到前臂的工作，包括低强度工作。使用加热板促进前臂的血液循环。

特殊治疗措施

坚持不懈地拉伸，每天拉伸20次。

何时寻求专业帮助

如果疼痛持续一周以上，请向专业人士寻求帮助。

需要拉伸的肌肉

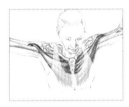

胸大肌，40页，42页

前臂屈肌，112页

前臂伸肌，114页

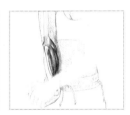

桡侧腕长伸肌和短伸肌，116页

跑步膝

跑步膝是一种常见的运动损伤，不经常运动的人常会受到影响。

疼痛点

- 起于阔筋膜张肌和臀中肌，并穿过膝盖外侧的短肌肉筋膜。

原因

疼痛可由以下原因引起。

- 臀部和大腿的肌肉紧绷、缩短，造成筋膜紧绷，导致筋膜与膝盖外侧摩擦。
- 跑步、走路或骑车时脚部的角度不正确。

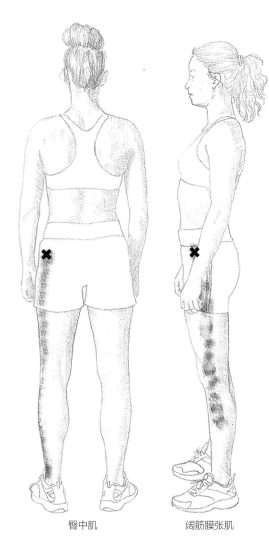

臀中肌　　　　　　阔筋膜张肌

X表示触发点的位置，红色区域则表示可能出现不适的部位。

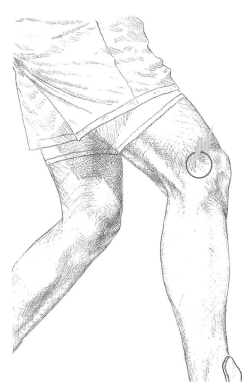

拉伸对于治疗跑步膝有着很好的效果。

一般治疗措施

如果膝盖感觉疼痛，请不要跑步、走路或骑车。可以适当运动，一旦出现不适请立即停止。

特殊治疗措施

每天拉伸几次下述肌肉，在健身前后同样也需要拉伸。

何时寻求专业帮助

如果疼痛转为慢性疼痛，请寻求专业人士的帮助。

需要拉伸的肌肉

梨状肌，72页，75页

臀中肌和臀小肌，70页

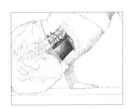

腰方肌，78页，81页

阔筋膜张肌，92页

股直肌，86页，90页

腰背部疼痛

大多数人在某一时刻都会经历腰背部疼痛。除了患者痛苦不堪和生活质量下降，这种小病症还导致误工、请病假、伤残补贴开支，从而消耗大量的社会财富。

坐姿是最容易引发腰背部疼痛的姿势。坐立时交叉双腿会增加背部受伤的危险。

疼痛点

- 椎间盘。
- 韧带。
- 脊柱和臀部无法活动的关节。
- 脊柱和臀部中的关节过度活动。
- 紧绷的肌肉痉挛。

原因

造成腰背部疼痛的原因多种多样。最主要的原因就是坐着的频率过高、时间过长，年复一年地压迫椎间盘、拉伤韧带。久坐还会造成髋部屈肌和臀部肌肉紧绷和缩短，从而造成腰背部深层的肌肉疲劳。

疼痛缓解方案

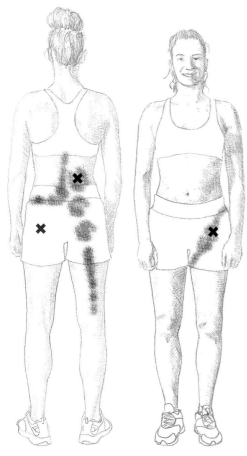

髂腰肌—红色×
腰方肌—黑色×
梨状肌—绿色×

"X"符号表示触发点的位置，红色区域则表示可能出现不适的部位。

一般治疗措施

避免坐立，坐立会降低肌肉的活跃度。长时间坐在电脑前会损坏背部。请试着每天都利用小段时间来运动。

特殊治疗措施

每天拉伸几次以下肌肉。

何时寻求专业帮助

如果你出现以下症状，请寻求专业人士的帮助。

- 疼痛剧烈以致无法入睡。
- 疼痛一整天未见好转，改变姿势也无法改善。
- 强烈的疼痛辐射至腿部、小腿和足部
- 腿部力量缺失。
- 身体下沉才能用脚尖或脚后跟站立。
- 打喷嚏后或咳嗽时背部和腿部出现刺痛感。

需要拉伸的肌肉

梨状肌，72页，75页

髂腰肌，83页

股直肌，86页，90页

股后肌群，95页

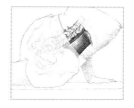

腰方肌，78页，81页

臀中肌和臀小肌，70页

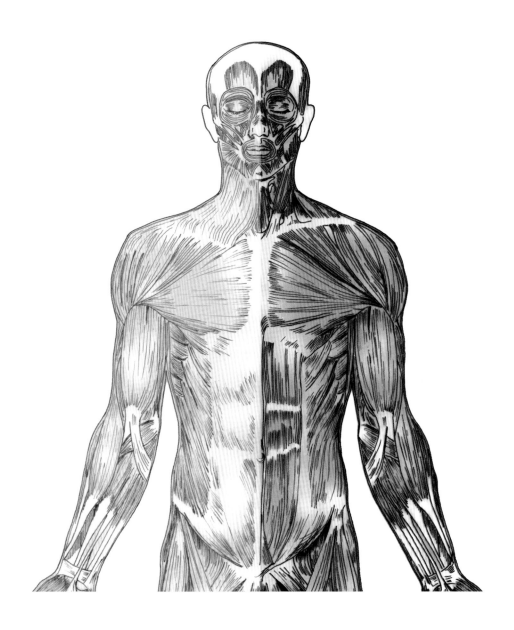

评估肌肉的柔韧性和匀衡

许多疼痛和伤病都是由左右侧肌肉的柔韧性不均衡导致的。肌肉之间柔韧性的细微差异足以导致出现问题。测试柔韧性时，请不要强迫自己使劲拉伸，相反，你应该在肌肉出现刺痛感或感受到抗阻力时及时停止动作。左右两边的感觉应该是相同的。记住，左右两边都要以同样的方式运动。

评估肌肉的柔韧性和匀衡

被拉伸的肌肉	左侧更短	右侧更短	两侧相同
颈部和肩部测试			
上斜方肌			
肩胛提肌			
胸锁乳突肌			
斜角肌			
肩关节测试			
冈上肌			
冈下肌			
大圆肌			
背阔肌			
上背部测试			
中斜方肌			
菱形肌			
背阔肌			
胸大肌			
腰背部测试			
髂腰肌			
梨状肌			
臀中肌和臀小肌			
股直肌			
股后肌群			

出自K·博格（K. Berg），2011，精准拉伸：疼痛消除和损伤预防的针对性练习（伊利诺伊州，香槟：Human Kinetics）

参考文献

Amako, M., T. Oda, K. Masuoka, H. Yokoi, and P. Campisi. 2003. Effect of static stretching on prevention of injuries for military recruits. Military Medicine 168: 442-446.

Barcsay, Jenö. 1976. Anatomy for artists. [Anatomi för konstnärer.] Stockholm: Bonnier.

Bojsen-Möller, Finn. 2000. The anatomy of the musculoskeletal system. [Rörelseapparatens anatomi.] Stockholm: Liber.

Feland, J.B., J.W. Myrer, S.S. Schulthies, G.W. Fellingham, and G.W. Measom. 2001. The effect of duration of stretching of the hamstring muscle group for increasing range of motion in people aged 65 years or older. Physical Therapy 81: 1110-1117.

Fowles, J.R., D.G. Sale, and J.D. MacDougall. 2000. Reduced strength after passive stretch of the human plantar-flexors. Journal of Applied Physiology 89: 1179-1188.

Halbertsma, J.P., Al van Bolhuis, and L.N. Göeken. 1996. Sport stretching: Effect on passive muscle stiffness on short hamstrings. Archives of Physical Medicine and Rehabilitation 77: 688-692.

Harvey, L., R. Herbert, and J. Crosbie. 2002. Does stretching induce lasting increases in joint ROM? A systematic review. Physiotherapy Research International 7: 1-13.

Handel, M., T. Horstmann, H.H. Dickhuth, and R.W. Gulch. 1997. Effects of contract-relax stretching training on muscle performance in athletes. European Journal of Applied Physiology and Occupational Physiology 76: 400-408.

Karlsson, T., and M. Hallonlöf. 2003. Stretching the hamstrings: The effect on quadriceps femoris regarding strength. [Stretching av hamstrings: Effekt på quadriceps femoris beträffande styrka.] Stockholm: Karolinska Institute.

Lundeberg, Thomas, and Ralph Nisell. 1993. Pain and inflammation: Physiology and pain in the moving parts. [Smärta och inflammation: fysiologi och behandling vid smärta i rörelseorganen.] Stockholm: Syntex Nordica.

Peterson, Florence P., Elizabeth Kendall McCreary, and Patricia Geise Provance. 1993. Muscles, testing and function: With posture and pain. Baltimore: Williams & Wilkins.

Petrén, Ture. 1989. Textbook of anatomy: Musculoskeletal system. [Lärobok i anatomi: Rörelseapparaten.] Stockholm: Nordic Bookstore.

Pope, R.P., R.D. Herbert, J.D. Kirwan, and B.J. Graham. 2000. A randomized trial of preexercise stretching for prevention of lower limb injury. Medicine and Science in Sports and Exercise 32: 271-277.

Putz, R., and R. Pabst, eds. 2001. Sobotta atlas of human anatomy: Head, neck, upper limb. Munich: Elsevier, Urban & Fischer.

Putz, R., and R. Pabst, eds. 2001. Sobotta atlas of human anatomy: Trunk, viscera, lower limb. Munich: Elsevier, Urban & Fischer.

Richer, Paul. 1971. Artistic anatomy. trans. Robert Beverly Hale. New York: Watson-Guptill.

Rohen, Johannes W., Chihiro Yokochi, and Elke Lütjen-Drecoll. 1998. Color atlas of anatomy: A photographic study of the human body. Baltimore: Williams & Wilkins.

Szunyoghy, András. 1999. Anatomical drawing school: Humans, animals, comparative anatomy. [Anatomisk tecknarskola människa, djur, jämförande anatomi.] London: Könemann.

Travell, Janet G., David G. Simons, and Lois S. Simons. 1999. Myofascial pain and dysfunction: The trigger point manual. Baltimore: Williams & Wilkins.

图书在版编目（CIP）数据

精准拉伸 ：疼痛消除和损伤预防的针对性练习 /
（美）博格（Berg,K.）著 ；王雄，杨斌译. — 北京 ：
人民邮电出版社，2016.7
ISBN 978-7-115-42132-6

Ⅰ. ①精… Ⅱ. ①博… ②王… ③杨… Ⅲ. ①健身运
动—图解 Ⅳ. ①G883-64

中国版本图书馆CIP数据核字(2016)第080431号

版权声明

免责声明

本书内容旨在为大众提供有用的信息。所有材料（包括文本、图形和图像）仅供参考，不能用于对特定疾病或症状的医疗诊断、建议或治疗。所有读者在针对任何一般性或特定的健康问题开始某项锻炼之前，均应向专业的医疗保健机构或医生进行咨询。作者和出版商都已尽可能确保本书技术上的准确性以及合理性，且并不特别推崇任何治疗方法、方案、建议或本书中的其他信息，并特别声明，不会承担由于使用本出版物中的材料而遭受的任何损伤所直接或间接产生的与个人或团体相关的一切责任、损失或风险。

内 容 提 要

这是一本适合所有人的拉伸书。本书作者是欧洲权威拉伸专家，书中结合了作者曾身为职业体操运动员的运动经验和身为专业理疗师的治疗经验，总结了 40 种针对全身各个部位不同肌肉的拉伸方法，每个拉伸动作都精准地预防、修复或治疗某一块肌肉。除此以外，书中还提供了一系列针对普通人常见疼痛，例如头疼、落枕、颈部结节、手臂发麻等的针对性解决方案。不需专业设备，不需他人辅助，使用日常可见的便利条件，如墙壁、毛巾、桌椅等就可以进行专业到位的拉伸。无论是运动健身爱好者还是职业运动员，无论是长期不运动还是要参加世界大赛，本书所教授的拉伸动作都对您有所助益。

◆ 著　　　[美] 克里斯蒂安·博格（Kristian Berg）
　　译　　　王 雄 杨 斌
　　责任编辑　李 璇
　　责任印制　周昇亮

◆ 人民邮电出版社出版发行　　北京市丰台区成寿寺路 11 号
　　邮编　100164　　电子邮件　315@ptpress.com.cn
　　网址　http://www.ptpress.com.cn
　　天津市豪迈印务有限公司印刷

◆ 开本：700×1000　1/16
　　印张：9.25　　　　　　　2016 年 7 月第 1 版
　　字数：207 千字　　　　2024 年 9 月天津第 52 次印刷
　　著作权合同登记号　图字：01-2015-8628 号

定价：48.00 元
读者服务热线：(010)81055296　印装质量热线：(010)81055316
反盗版热线：(010)81055315
广告经营许可证：京东市监广登字 20170147 号